UN PENSAMIENTO PARA CADA DÍA/13
Colección dirigida por José A. Martínez Puche, O.P.

366 textos de San Francisco de Sales

Selección de textos:
Pablo Cervera Barranco

EDIBESA
Madre de Dios, 35 bis
Tel.: 91 345 19 92 - Fax: 91 350 50 99
E-mail: edibesa@planalfa.es
www.edibesa.com
28016 MADRID

Colección:
«UN PENSAMIENTO PARA CADA DÍA», n.º 18713

© EDIBESA
　Madre de Dios, 35 bis
　28016 MADRID
　Teléfono: 91 345 19 92 - Fax: 91 350 50 99
　edibesa@planalfa.es
　www.edibesa.com

　ISBN: 978-84-8407-947-7
　Depósito legal: M. 31.723-2010

　Impreso en España - Printed in Spain
　Por: Impresos y Revistas, S. A. (Grupo IMPRESA)

BIOGRAFÍA

San Francisco de Sales nació en 1567 en el castillo de la Thuile, a orillas del lago de Annecy. Fue el primogénito del señor de Sales, Francisco de Boisy. Después de los primeros estudios en su patria, acudió a los jesuitas de Clermont, donde siguió cursos de Artes y de Teología. Su padre le envió a estudiar Derecho a Padua, donde obtuvo el doctorado. Al fin puede seguir la carrera sacerdotal y ser ordenado, al precio de aceptar la dignidad de preboste de Annecy. Más tarde fue enviado como misionero al Chablais. Su obispo consiguió para él el nombramiento de obispo coadjutor y, a pesar de sus resistencias, fue consagrado en el año 1602. Al poco tiempo fue obispo de Ginebra y después de veinte años de un episcopado muy fecundo murió en Lyon, afectado por un ataque de apoplejía. En 1665 Alejandro VII lo canonizó.

Un día de primavera de 1592 tenía lugar una gran fiesta en el castillo de la Thuile. El primogénito del señor de Sales volvía de Italia, graduado como doctor en Derecho. Todo el mundo admiraba al joven gentilhombre, que hablaba varias lenguas y dominaba la filosofía, la teología, el derecho civil y el derecho canónico.

El joven Francisco era de verdad un hombre erudito y sabio. Había luchado para serlo. Desde sus días del colegio de Annecy despuntaba por su amor a los estudios, y también por su modestia, su piedad y su singular devoción, que le multiplicaban su amor a la ciencia. Pero no toda su vida polarizada en el estudio. Francisco albergaba un secreto en su alma. A sus once años había pedido ya la tonsura, y no por la costumbre ritual que entonces existía, sino para responder a una llamada concreta de Dios. Había renunciado al mundo y se sentía entregado a la Iglesia.

Estudios teológicos

Su intensa religiosidad, junto con sus estudios teológicos, crearon en su espíritu una rara angustia que le llevaron casi a la desesperación. Él, tan puro y recto, se veía ya condenado de antemano. María le salvó de este estado, una tarde en que el angustiado estudiante se fue a postrar a los pies de su imagen en San Esteban de Grés: la oración de san Bernardo, «Acordaos, oh piadosísima Virgen María…», restableció la paz en su alma.

Aunque su padre le hizo interrumpir los estudios teológicos para enviarlo a Padua, su piedad, sus meditaciones, sus penitencias, sus estudios sagrados no disminuyeron ni un momento. Una grave enfermedad fue la prueba definitiva y la preparación última para su ordenación sacerdotal. Su padre se dejó convencer, aunque fue el primo de Francisco, el canónigo Luis, quien consiguió para el neosacerdote la silla de preboste en la catedral de Annecy.

Sacerdote, predicador y misionero

En la toma de posesión de su dignidad se adivinó el don singular que significaba para la Iglesia aquella nueva voz. En su primer sermón clamó por el dolor de ver la herejía calvinista establecida en parte tan importante de la diócesis como el Chablais y en Ginebra, su capital. Francisco convocaba a una lucha desigual: «Derrumbar los muros de Ginebra con ardientes oraciones y asaltarlos con la caridad fraterna».

Al año siguiente se ofreció a su obispo para ir a evangelizar la región perdida para la causa católica. La empresa no ofrecía perspectivas muy halagüeñas y sí muchos peligros. Su padre y sus amigos corrieron a disuadirle. Francisco se mantuvo firme, y sólo con su primo, sin escudo ni caballo, a pie, emprendió el camino.

Cada mañana, desde un castillo católico, descienden a Thonon y confortan a los quince católicos que habían quedado fieles. Luego quieren dirigirse a las ovejas perdidas. Pero su predicación cae en el vacío, porque nadie se atreve a traspasar la consigna de huir del «Papista». El heredero de Sales no se amilana y prueba a llegar mediante la palabra escrita a los que huyen de su persona. Lanza folletos atrayentes, pero con golpes directos a la herejía. Estos folletos se leen dentro de cada casa, a la luz de las chimeneas, por las noches. Poco a poco la verdad vuelve a iluminar aquellas almas. Los resultados son lentos en producirse, pero se va llegando al fondo de los corazones. Fue como un incendio que, tras haber trabajado en secreto, de repente sale afuera y alcanza a toda la casa.

Infancia y juventud

Ya en marzo de 1595 los misioneros se pueden instalar en Thonon y desde allí irradiar por toda la región. A los tres años el éxito corona la empresa. Francisco pudo decir luego: «Cuando llegamos nosotros sólo quedaban quince católicos en el Chablais. Ahora no quedan más que quince protestantes en la región». ¿Cuál había sido el secreto de esta pesca milagrosa? El de siempre: la oración constante y la generosa penitencia.

El invierno de 1594 fue crudo. Francisco, más de una noche se vio obligado a dormir a campo abierto, o sobre una rama de castaño, ceñido con su cinturón para no deslizarse hacia abajo, donde rondaban los lobos. Para colmo vinieron luchas personales: las piedras lanzadas contra él por las gentes de Thonon, los atentados de arcabuz contra su vida. Pero todo ello se sumaba a la acción evangélica que Francisco realizaba con toda su persona, su mirada irresistible, su voz apostólica, su heroísmo intrépido: «El amor tiene un poder mayor que la fuerza de los razonamientos», decía el santo.

Y en el amor se volcaba toda su riqueza de noble caballero, de hombre de ciencia consumada y talento intuitivo y precoz; y, sobre todo, de santo, de testigo de Dios por su fe inalterable y su caridad dinámica.

Obispo auxiliar de Ginebra

En medio del trajín de misionero no se dio cuenta de que su obispo trabajaba para su nombramiento episcopal. No quiso aceptarlo, no se creía digno. Tuvo que pasar un año, y al fin consintió. Al poco tiempo quedó ya confirmado como obispo titular de Ginebra. En seguida se dispuso a cumplir su misión. Su actividad fue multiforme y desbordante siempre. Ante todo se entregó a lo que consideraba su vocación genuina: la dirección espiritual. El confesionario y la correspondencia devoraban su tiempo. Se conservan dos mil de sus cartas, llenas de doctrina y de gracejo. Una de sus dirigidas, que le fue enviada de manera manifiestamente providencial, era Juana Frémiot de Chantal, alma escogida para las cumbres de la vida espiritual y para fundar la Orden de la Visitación.

También cumplió a la perfección su misión de doctor, empezando por la catequesis de los niños, que le rodeaban en grandes masas. Su predicación pasó los límites de su diócesis y se hizo famosa en Dijon, París, Grenoble... Mostró gran solicitud por sus sacerdotes, parte principal de su rebaño. Trabajó sin cesar para formar un clero sabio y santo. Restableció la disciplina en los monasterios de su territorio. Terminó de arrancar a su pueblo de la herejía, mediante sus visitas pastorales, e instauró organizaciones para refugio de los hombres de buena voluntad. Fundó un excelente colegio en Thonon, que encomendó a los Barnabitas.

Secreto pastoral

Pero el alma de toda su actividad pastoral continuaba siendo su inalterable bondad, su cordialidad abierta a todas las penas y alegrías, que conseguía verdaderos milagros de resurrección espiritual. La revolución que realizó con su contacto personal se plasmó en un pequeño y exquisito libro: la «Introducción a la vida devota». Su gran novedad era que abría el camino de la perfección, hasta entonces reservado a sacerdotes y religiosos, a la gente del mundo. «Es una herejía –dice él mismo–, expulsar la vida devota de la compañía de los soldados, de la botica de los artesanos, de la corte de los príncipes, del hogar de los casados». Esta vida devota no es más que «la flor de la caridad», que se puede cultivar en todas partes donde haya un cristiano. Será una espiritualidad simple, sencilla, pero llena de caridad y de todas las virtudes, alimentadas por la Eucaristía, cuya frecuencia recomienda el Doctor de Sales.

Para sus hijas, las religiosas de la Visitación de María, legó Francisco otro tesoro: el «Tratado del amor de Dios», verdadera dinámica de esta reina de las virtudes, seguida con aguda sagacidad por el Doctor de la Caridad.

De regreso de Avignon, en 1622, murió en Lyon. El pueblo ya le había canonizado en vida, porque el Amor sólo tiene un lenguaje y todos los hombres lo comprenden.

ENERO

1 ENERO
SANTA MARÍA MADRE DE DIOS.
Santos Manuel y Fulgencio

Ante todo reservó Dios para su Santísima Madre una redención bien admirable, obra maestra del Redentor, la primera de todas las redenciones, por la que el Hijo, guiado de amor enteramente filial, previno a su Madre con bendiciones de dulzura y la preservó no sólo del pecado, como a los ángeles, sino de todo peligro de pecado y de todo lo que pudiera distraerla o demorarle el ejercicio del amor. Más aún: declara que entre todas las criaturas dotadas de razón que ha elegido, esta Madre es su única paloma, su toda perfecta, su queridísima amada sobre toda comparación

2 ENERO
Santos Basilio y Gregorio, Adalardo

Haced de manera que no pase un solo día sin que leáis alguna cosa que os instruya y os mueva a devoción.

3 ENERO
Santísimo Nombre de Jesús.
Santos Antero y Genoveva

Jesús: la gran palabra de nuestra salvación. Como los demonios odian tan intensamente al amor divino, que tiemblan cuando ven algún detalle de él u oyen su nombre, es decir, cuando ven la Cruz o escuchan el Nombre de Jesús, los que aman grandemente a Nuestro Señor tiemblan de dolor y espanto cuando ven señales u oyen palabras que expresan ausencia del santo amor.

4 ENERO
Santas Genoveva Torres, Isabel Ana Seton, Zedíslava

Cuando en una casa hay un defecto pasajero, se puede disimular; pero, si fuera grande y ya casi una costumbre, es preciso expulsarlo a gritos y a toque de trompeta, si fuera menester.

5 ENERO
Santos Deogracias, Juan N. Neumann, Emiliana

Buena oración y buen modo de guardar la presencia de Dios es permanecer en su voluntad y en su beneplácito.

6 ENERO
EPIFANÍA DEL SEÑOR.
Santos Andrés Corsini, Pedro Tomás

No pierdas jamás la confianza en Dios; si permite que caigas, no es para abandonarte, sino para que en adelante seas más humilde y avisado.

7 ENERO
Santos Raimundo de Peñafort, Luciano, Ciro

A Dios le agrada un espíritu sencillo, como el de los niños, y dispone de él conforme a su voluntad; pero no le agradan los espíritus altivos y sutiles.

8 ENERO
Santos Apolinar, Severino, Lorenzo Justiniano

La verdad que no es caritativa proviene de una caridad que no es verdadera.

9 ENERO
Santos Eulogio de Córdoba, Adrián

Es algo muy hermoso ver un alma despojada de todo afecto, pronta para todo acto de virtud y de caridad, indiferente por esta o aquella práctica, por el consuelo o la tribulación, y perfectamente contenta con tal que se cumpla la voluntad de Dios.

10 ENERO
Santos Gregorio de Nisa, Miltiades,

No pierdas la menor ocasión de ejercitar la dulzura con todos.

11 ENERO
Santos Higinio, Honorata, Tomás de Cori

No puede haber mayor dicha que vivir, trabajar y alegrarse sólo en Dios.

12 ENERO
Santos Martino de León, Arcadio, Cesárea

La verdadera caridad pide una perfecta unión de los unos con los otros, y para esto no conozco mejor medio que la dulzura y la condescendencia con la voluntad de los demás en todo lo que no se opone a Dios.

13 ENERO
Santos Hilario, Remigio, Gumersindo

No quieres sentir la pérdida de las cosas del mundo. Pues no desees con ansia lo que no tienes, ni ames con exceso lo que posees.

14 ENERO
Santos Juan de Ribera, Félix de Nola, Eufrasio

No rehúses nada por penoso que sea, revístete de nuestro Señor crucificado.

15 ENERO
Santos Francisco Fdez. de Capillas, Arnoldo Janssen, Tarsicia

No sé por qué hemos de andar regateando con Dios: Él es nuestro Dueño, nuestro Padre, nuestro Rey, nuestro todo; sirvámosle de corazón. Él cuidará de favorecernos.

16 ENERO
Santos Fulgencio, Honorato, Berardo

Es bueno el ver los defectos en las vidas de los santos no sólo para reconocer la bondad de Dios que los ha perdonado, sino también para aprender a evitarlos. También vemos sus virtudes para imitarlas.

17 ENERO
Santos Antonio Abad, Rosalía, Sulpicio

No se puede negar que el amor es la dulzura de las dulzuras y el azúcar de todas las amarguras.

18 ENERO
Santos Margarita de Hungría, Prisca, Deícola

Octavario de oración por la unidad de los cristianos

La vida de este mundo sólo se nos ha dado para adquirir la eterna. Y ¡qué desgraciados son la mayor parte de los hombres que ni siquiera piensan en ello!

19 ENERO
Santos Arsenio, Germánico, Liberata y Faustina

No siempre está en nuestro poder hacer grandes cosas; contentaos con las pequeñas que se os ofrecen a cada paso: pero hacedlas con fervor y con amor.

20 ENERO
Santos Fabián y Sebastián, Fructuoso, Augurio y Eulogio

Cuando estamos en la presencia de Dios hemos de tener dos atenciones: una a Él y otra a lo que hacemos.

21 ENERO
Santos Inés, Epifanio, Juan Yi

Aborrezcamos nuestros defectos, pero con odio tranquilo, sin enojo ni turbación. ¿No es mucho que, conociendo nuestras miserias, tomemos de ellas ocasión de humillarnos y anonadarnos delante de Dios?

22 ENERO
Santos Vicente Mártir, Vicente Pallotti. Beata Laura Vicuña

La vida de los santos no es otra cosa que el Evangelio puesto en práctica

23 ENERO
Santos Ildefonso, Francisco Gil de Fréderic, Emerenciana

No sólo hay que cumplir la voluntad de Dios: para ser devoto, hay que cumplirla alegremente.

24 ENERO
Santos Francisco de Sales, Bábila, Feliciano

Las cosas pequeñas, pequeñas son; pero

la fidelidad en las cosas pequeñas es gran cosa.

25 ENERO
Conversión de San Pablo. Santos Ananías. Beato Enrique Suso

¡Oh, qué fácil es adquirir el fervor entreteniéndose durante el día en buenos pensamientos y en jaculatorias!

26 ENERO
Santos Timoteo y Tito, Paula, Alberico

Te deseo la gracia de estar siempre transfigurada en el Señor. ¡Qué bella es su Faz, qué dulces y maravillosos sus ojos y qué deleitoso hallarse cerca de Él!

27 ENERO
Santos Ángela de Mérici, Enrique de Ossó, Julián, Mario

Las aflicciones de esta vida son las flores que preludian los frutos de la gloria.
Os recomiendo que os pongáis en presencia de Dios y que sufráis ante ella. No os

abstengáis de quejaros, pero dirigid a Él vuestros lamentos, en espíritu filial, como lo haría un niñito a su madre, con tal que lo hagáis amorosamente. No hay peligro alguno en lamentarse ni en pedir alivio, en cambiar de postura o en querer ser consolado.

28 ENERO
Santos Tomás de Aquino, Julián de Cuenca, Águeda Lin Zhao

Muchos santos murieron no sólo en caridad y con hábito de amor celestial, sino también en su práctica y ejercicio. Santo Tomás de Aquino murió uniendo las manos, elevando los ojos al cielo, alzando la voz y pronunciando estas palabras del Cantar de los Cantares, las últimas que había explicado: Ven, Amado mío, y salgamos juntos a la campiña.

29 ENERO
Santos Valero, Afraates. Beato Manuel Domingo y Sol

Las cosas grandes no están a nuestro alcance, pero podemos siempre hacer las pequeñas de manera excelente, es decir, con un gran amor.

30 ENERO
Santos Lesmes, Martina, Jacinta Mariscotti, David Galván

Nuestras imperfecciones nos han de acompañar hasta la tumba; no podemos olvidar que caminamos por la tierra y nos manchamos de barro. Por eso no debemos ni estar tirados por los suelos ni soñar con volar como si fuésemos ángeles.

31 ENERO
Santos Juan Bosco, Ciro y Juan, Marcela, Waldo

Cuando hacemos la voluntad de los demás debemos pensar que hacemos la de Dios, manifestada en la del prójimo.

FEBRERO

1 FEBRERO
Santos Ramón de Fitero, Brígida, Severo
Cuando hay perfecta conformidad con la voluntad de Dios, no domina la tristeza ni la melancolía.

2 FEBRERO
PRESENTACIÓN DEL SEÑOR.
PURIFICACIÓN DE MARÍA
¡Oh, Creador mío, cumpla yo hoy y siempre y en todas las cosas vuestra divina voluntad!

3 FEBRERO
Santos Blas, Óscar, Simeón y Ana
Es mejor vencer la ira que querer emplearla con moderación y cordura; porque, por poco que se apodere de un alma, la domina y tiraniza.

4 FEBRERO
Santos Catalina de Ricci, Juan de Britto, Rabano Mauro

A quien ha gustado de veras la dulzura de Dios la vida se le convierte en amargura mientras no goza de Él.

5 FEBRERO
Santos Águeda, Pedro Bautista, Jesús Méndez

Es menester sufrir nuestra imperfección para alcanzar la perfección; digo sufrir con paciencia, y no amar o acariciar. Este sufrimiento hará crecer nuestra humildad.

6 FEBRERO
Santos Pablo Miki, Dorotea, Mateo Correa

Aceptad mil veces al día la cruz y besadla de todo corazón por el amor de Aquel que os la envía, pues sin duda os la envía por amor y como rico presente.

7 FEBRERO
Santos Ricardo, Juliana.
Beato Anselmo Polanco

Bueno es mortificar la carne; pero vale mucho más purificar el corazón de sus afectos desordenados.

8 FEBRERO
Santos Jerónimo Emiliani,
Josefina Bakhita, Honorato

Cuando la caridad lo exige será bueno, no sólo instruir al prójimo en lo necesario, sino también consolarle.

9 FEBRERO
Santos Apolonia, Miguel Febres, Sabino.
Beato Leopoldo de Alpandeire

Es necesario ganar el corazón, porque el que ha ganado el corazón del hombre ha ganado a todo el hombre.

10 FEBRERO
Santos Escolástica, Silvano, Guillermo

Nuestro corazón tiende a la felicidad, la va buscando como a tientas, sin saber dónde reside ni en qué consiste, hasta que la fe se la muestra.

11 FEBRERO
Nuestra Señora de Lourdes.
Santos Pedro Maldonado, Sotera

Las enfermedades son una magnífica escuela de misericordia para los que asisten a los enfermos y de amorosa resignación para aquellos que las soportan.

12 FEBRERO
Santos Eulalia de Barcelona, Mártires de Abitinia

Es preciso pedir la ayuda del Señor al principio, como hicieron los apóstoles en lo más fuerte de la tormenta en el lago; Él vendrá en vuestro socorro y mandará apaciguarse a vuestras pasiones y volverá la calma.

13 FEBRERO
Santos Benigno, Cástor, Esteban

Las mortificaciones, que no están condimentadas con la salsa de nuestra propia voluntad, son las mejores y más excelentes; lo mismo ocurre con las que encontramos por la calle, sin buscarlas, así como las que nos vienen impuestas cada día, por pequeñas que éstas sean.

14 FEBRERO
Santos Cirilo y Metodio, Valentín, Juan Bautista de la Concepción

Nuestro prójimo, sea quien fuere, ocupa un lugar en el corazón del Salvador, y ¿quién será tan duro que no ame y no sufra los defectos de quien mora en un lugar tan santo?

15 FEBRERO
Santos Claudio de la Colombière, Enésimo, Faustino

A medida que nuestra confianza es mayor Dios nos protege más. Él vendrá en nuestra ayuda en todos los peligros, pues tiene un amor infinito a las almas que se le entregan.

16 FEBRERO
Santos Elías, Juliana, Maruta

Cuando la fe es firme y está arraigada en el corazón, las dificultades no amedrentan, porque entonces hay una convicción fuerte de que Dios no abandona, sino que ama a los que confían en Él.

17 FEBRERO
Santos Siete Fundadores Servitas, Silvino, Teodoro

Es preciso que los hombres tengan paciencia unos con otros, y los más valientes son los que toleran mejor los defectos de los demás.

18 FEBRERO
Santos Sadot, Francisco Regis. Beato Fray Angélico

Nuestros prójimos están en el pecho del Salvador como alguien muy amado, y tan amable que el Amante muere de amor por ellos.

19 FEBRERO
Santos Lucía Yi, Conrado. Beato Álvaro de Córdoba

Al hablar de las virtudes de los santos no está mal narrar sus defectos y pecados.

20 FEBRERO
Santos León, Eleuterio. Beatos Francisco y Jacinta de Fátima

Las mujeres son muy dignas de que uno cuide de su adelanto espiritual; porque se dejan conducir a la devoción más fácilmente que los hombres; éstos por lo regular son muy presuntuosos, se tienen por muy hábiles y creen que no necesitan de nadie.

21 FEBRERO
Santos Pedro Damián, Germán, Roberto

Buenos son los consuelos espirituales, y quien nos los da es perfectamente bueno; pero de esto no se infiere que seamos buenos los que lo recibimos.

22 FEBRERO
Cátedra de San Pedro.
Santos Margarita de Cortona, Papías

Obrar siempre con diligencia, pero sin inquietud ni precipitación; de lo contrario no haremos cosa de provecho.

23 FEBRERO
Santos Policarpo, Milburga.
Beata Rafaela Ybarra

Las penas, si las miramos fuera de la voluntad de Dios tienen su amargura natural: si las consideramos dentro de ella, son más amables y preciosas de lo que se puede decir.

24 FEBRERO
Santos Etelberto, Modesto,
Pedro Palatino

Es preferible morir antes que pecar consciente y deliberadamente; pero cuando caemos es preferible todo antes que perder el ánimo, la esperanza y la voluntad, pues el Señor lo convertirá todo en gloria y honra suya.

25 FEBRERO
Santos Luis Versiglia, Cesáreo, Calixto, Toribio Romo. B. Ciriaco M. Sancha

Las personas a quienes naturalmente nos sentimos poco inclinados han de ser cabalmente, y con frecuencia, el objeto de nuestra dulzura y caridad.

26 FEBRERO
Santos Paula Montal, Alejandro, Víctor. Beata Piedad de la Cruz

Es signo evidente de perfección querer ser corregidos de los propios defectos, ya que la principal fuente de la humildad consiste en saber que necesitamos la corrección.

27 FEBRERO
Santos Gabriel de la Dolorosa, Ana Line, Baldomero

Obrar y sufrir; he aquí la ciencia de los santos y el camino por donde llegaron a la gloria; y si por amor de Dios y con su ayuda sufriésemos como ellos con ánimo y perseverancia, adquiriríamos también la gloria y la santidad.

28 FEBRERO
Santos Mártires de Alejandría, Román, Mariana y Cira

¿Cuándo llegará la hora de que el Amor de Dios nos consuma? ¿Y cuándo consumirá nuestra vida para que, muriendo enteramente a nosotros mismos, vivamos enteramente para Él?

29 FEBRERO
Santos Hilario, Osvaldo, Augusto Chapdelaine

¡Oh, Dios mío, Tú solo me bastas y en Ti solo encuentro cuanto mi alma necesita.

MARZO

1 MARZO
Santos Félix II, Rosendo, Albino, David

Cada pasión se ha de corregir por su contrario: la vanidad por la seria reflexión sobre las miserias de esta vida; la cólera, pensando en las ventajas que trae la dulzura, y así en las demás.

2 MARZO
Santos Ángela de la Cruz, Troadio, Ceada

Al presentarse la ocasión de hacer una buena obra pensad poco, hablad poco y haced mucho.

3 MARZO
Santos Emeterio y Celedonio, Catalina Drexel, Cunegunda

¿Cuándo llegaremos a sufrir por caridad

los defectos de nuestro prójimo? Esta es la principal y más excelente lección que nos han dado los santos: dichoso quien la haya aprendido bien.

4 MARZO
Santos Casimiro, Apiano, Basino

Es un error pensar que somos menos agradables a Dios, porque en su servicio no sentimos consuelo y ternura.

5 MARZO
Santos Teófilo, Lucio, Adrián, Juan José de la Cruz

Las tribulaciones son muy saludables. En medio de ellas recurrimos al celestial Consolador; y mientras en la prosperidad nos olvidamos de Él, en la adversidad buscamos en Él todo nuestro consuelo.

6 MARZO
Santos Olegario, Julián de Toledo, Coleta Boylet, Inés de Praga

Palabras sin esperanza de provecho jamás salgan de vuestra boca.

7 MARZO
Santos Perpetua y Felicidad, Teresa, Simeón Berneux

Para alcanzar la perfección es necesario sufrir nuestra imperfección.

8 MARZO
Santos Juan de Dios, Veremundo, Félix. Beato Faustino Míguez

Para avanzar en la perfección cristiana sirve mucho menos la ciencia que la práctica: una simple campesina puede amar a Dios tanto como el hombre más sabio del mundo.

9 MARZO
Santos Francisca Romana, Paciano, Bruno

Caridad, obediencia, necesidad; he aquí tres infalibles indicios de la voluntad de Dios, de lo que exige de nosotros.

10 MARZO
Santos Cayo y Alejandro, Juan Ogilvie, Macario, Víctor

Para llegar a la perfección se necesita

pensar poco, hablar poco, pero amar mucho y sufrir mucho por Dios.

11 MARZO
Santos Vicente de León, Sofronio, Domingo Câm

Lo mejor que podemos hacer en las enfermedades más dolorosas son actos de sumisión, de aceptación y de conformidad con la voluntad de Dios.

12 MARZO
Santos Luis Orione, Inocencio I, Maximiliano

Lo que se hace con precipitación nunca se hace bien; sírvanos esto de aviso para hacer siempre las cosas con tranquilidad y calma.

13 MARZO
Santos Rodrigo y Salomón, Macedonio y Patricia e hija Modesta

Lo mejor de todo es nada pedir y nada rehusar.

14 MARZO
Santos Matilde, Alejandro, Lázaro, Paulina

¿Cómo demostraríamos mejor nuestra fidelidad al Señor que en medio de las contrariedades?

15 MARZO
Santos Luisa de Marillac, Clemente María, Leocricia

El monte Calvario es la verdadera academia de la caridad.

16 MARZO
Santos Eusebia, Heriberto, Julián

Llenad vuestro corazón de valor y vuestro valor de confianza en Dios.

17 MARZO
Santos Patricio, Gertrudis de Brabante, Juan Sarkander

Permanece firme en la confianza en la Providencia de Dios, la cual, si te prepara cruces, te dará fuerzas para llevarlas.

18 MARZO
Santos Cirilo de Jerusaén, Salvador de Horta, Eduardo

Cuando me presentan una comida de mi gusto, la tomo dando gracias a Dios; y cuando no me gusta tanto, la tomo sin entristecerme por ello.

19 MARZO
SAN JOSÉ, esposo de la Virgen María

No se puede dudar que San José murió antes de la Pasión de Nuestro Señor, quien sin esta circunstancia no habría encomendado su Madre a San Juan. ¿Cómo pensar, pues, que el Hijo de su corazón, su pupilo tan amado, no le asistió en la hora de la muerte? ¡Qué dulzura, caridad y misericordia desplegó aquel buen Padre nutricio hacia el Salvador cuando apareció en el mundo como niño pequeño! Y ¿quién sería capaz de creer que, saliendo él del mundo, su divino Hijo no le correspondió de manera centuplicada colmándole de suavidades celestiales?

20 MARZO
Santos Martín de Braga, Juan Nepomuceno

Al procurarme el reposo corporal he pensado en el reposo espiritual con que nuestros corazones deben someterse a la voluntad de Dios.

21 MARZO
Santos Nicolás de Flúe, Agustín Zhao

¿Cómo es posible que, sabiendo que tres o cuatro días de tribulación nos han de producir consuelos eternos, no queramos sufrirla con paciencia?

22 MARZO
Santos Epafrodito, Bienvenido, Lea, Calínicas y Basilisa

Pésimo juez es el mundo: sólo trata de absolver a sus partidarios, mientras condena sin piedad a los servidores de Dios; ¡miserable mundo!

23 MARZO
Santos Toribio de Mogrovejo, José Oriol, Rebeca

Ciertamente es muy inútil confesarse de un pecado, por leve que sea, sin propósito de la enmienda.

24 MARZO
Santos Catalina de Suecia, Severo. Beato Diego José de Cádiz

Los ejercicios de devoción no han de perjudicar a las propias ocupaciones, y nunca han de ser tan prolongados que causen fastidio a aquellos con quienes convivimos.

25 MARZO
ANUNCIACIÓN DEL SEÑOR.
Santos Dimas, Matrona

El glorioso Santo Tomás de Aquino, inclinado por naturaleza a asustarse cuado tronaba, solía decir, a modo de jaculatoria las palabras que la Iglesia tanto estima: El Verbo se hizo carne.

26 MARZO
Santos Braulio, Cástulo, Manuel, Sabino

Los bienes son recibidos de buen grado por todos, pero recibir males pertenece sólo al amor perfecto, que los ama por respeto a la mano que los da.

27 MARZO
San Ruperto.
Beato Francisco Faà de Bruno

Plantad en vuestro corazón a Jesucristo crucificado, y todas las cruces y espinas de este mundo os parecerán rosas.

28 MARZO
Santos Esteban Harding, Gúntram

Cuando nos faltan los apoyos humanos, no nos falta todo porque Dios cuida de nosotros con especial Providencia.

29 MARZO
Santos Eustasio, Guillermo Tempier, Ludolfo

Ciertamente no procuro ser tenido por sabio, ni hago ostentación de lo poco que sé.

30 MARZO
Santos Juan Clímaco, Julio Álvarez, Leonardo Murialdo

Con las almas débiles no os quejéis nunca de las injurias ni de las penas que sufrís, porque sucede a menudo que, sin alcanzar ningún consuelo, les acarreáis daño.

31 MARZO
Santos Benjamín, Balbina, Guido

Los peces fuera del agua pierden la libertad; así el alma racional empieza a ser encadenada y esclava cuando se separa de Dios.

ABRIL

1 ABRIL
Santos María Egipcíaca, Nuño Álvares, Hugo

Ciertas pequeñas tentaciones son muy útiles, porque nos hacen entrar dentro de nosotros mismos, nos recuerdan nuestra nada y hacen que recurramos a Dios con más fervor.

2 ABRIL
Santos Francisco de Paula, Domingo Tuóc, Abundio, Teodora

Cuando se nos reprende o se nos señalan nuestras imperfecciones en la conducta, debemos escuchar todo con dulzura y, después, pedir consejo para hacer luego lo que se ha estimado mejor, confiando en la ayuda de Dios.

3 ABRIL
Santos Sixto I, Ricardo Wych, Luis Scrosoppi

Los pequeños enojos son más molestos a causa de su muchedumbre e inoportunidad que los grandes; y los caseros que los extraños. Pero también es verdad que, al vencerlos, son más agradables a Dios aunque, a los ojos de los hombres parezca que no tienen mérito a causa de su pequeñez.

4 ABRIL
Santos Platón, Pedro, Benito Massarari

Alegrémonos de corazón del bien que hacen los otros, ayudémosles en ello en cuanto lo permitan nuestras fuerzas; tal vez Dios logrará más servicios de los demás que de nosotros.

5 ABRIL
Santos Vicente Ferrer, Irene, Catalina Thomás

El abandono es la virtud de las virtudes, es la flor y nata de la caridad, el aroma de la humildad, el mérito de la paciencia y el fruto de la perseverancia.

6 ABRIL
Santos Guillermo, Gala, Ireneo, Eutiquio

Pon gran cuidado en ir cortando poco a poco todo lo superfluo de tu árbol y sitúa tu corazón callada y quietamente al pie de la cruz.

7 ABRIL
Santos Juan Bautista de La Salle, Teodoro, Germán

Cuando os pidan sobre algún punto vuestro parecer, dadlo con franqueza, pero sin mostrar interés en que se adopte o no.

8 ABRIL
Santos Dionisio de Corinto, Julia Billart, Ágabo

Los que velan cuidadosamente sobre sus propias conciencias, rara vez caen en juicios temerarios.

9 ABRIL
Santos Casilda, Hugo, Liborio, Máximo

Los que siempre tienen algo que decir de los menores fallos del prójimo, de ordinario son personas que tienen grandes defectos.

10 ABRIL
Santos Miguel de los Santos, Terencio, Magdalena, Beda

Practiquemos algunas pequeñas virtudes apropiadas a nuestra pequeñez: a pequeño tendero, pequeño cesto.

11 ABRIL
Santos Estanislao, Isaac. Beata Elena Guerra

Conocerás tu tesoro por tu amor, y tu amor por tus pensamientos.

12 ABRIL
Santos Julio I, David Uribe, Víctor, Visia y Sofía

Cierto deseo de saber el grado de perfección en que estamos ni agrada a Dios ni sirve para otra cosa que para contentar el amor propio.

13 ABRIL
Santos Martín I, Hermenegildo, Sabás Reyes

El alma asaltada por la tentación no se entretiene en discutir y responder al tentador, se vuelve sencillamente a Jesucristo repitiéndole su fidelidad.

14 ABRIL
Santos Telmo (B. Pedro González), Lamberto, Ludivina

Hablad poco y con dulzura, poco y con bondad, poco y con sencillez, poco y con amabilidad.

15 ABRIL
Santos Damián de Molokai, Abundio, Teodoro y Pausilipo

¿Cuándo piensas que nuestro Salvador hizo el mayor servicio a su Padre? Sin lugar a dudas que fue cuando estaba tendido en el árbol de la cruz, teniendo sus pies y manos horadados. Y, ¿cómo le servía? Sufriendo y ofreciendo sus sufrimientos.

16 ABRIL
Santos Bernardita de Lourdes, Engracia, Toribio de Astorga, Benito José Labre

Preferiría llevar una pequeña cruz que me fuera colocada sobre los hombros, a ir a cortar leña con gran trabajo y llevarla con mucha fatiga; yo creo, como en realidad es, que agrado más a Dios con la cruz de paja que Él me envía que no con una labrada de penas y sudores, hecha por mí, porque llevaría ésta con más satisfacción de mi amor propio, que se complace en tales invenciones, mientras que no está conforme en dejarse conducir y gobernar con sencillez.

17 ABRIL
Santos Elías, Pablo e Isidoro de Córdoba, Pedro y Hermógenes, Roberto

Tú necesitas de Dios y tienes capacidad

de Dios. ¡Ay de ti, si te contentas con algo que sea menos que Dios!

18 ABRIL
Santos Eusebio, Anastasia. Beato Andrés Hibernón

El alma que no tiene un verdadero conocimiento de sus miserias y de su nada no puede llegar a tener verdadera confianza en Dios.

19 ABRIL
Santos León IX, Jorge de Antioquía, Marta

Prefiero un espíritu que en las ocasiones de turbación sepa tranquilizarse y conservarse en paz, a otro que tenga grandes y elevadas ideas.

20 ABRIL
Santos Inés de Montepulciano, Aniceto, Secundino

Cierto es que nosotros debemos cultivar, pero sólo Dios puede hacer que nuestro trabajo tenga buenos resultados.

21 ABRIL
Santos Anselmo, Anastasio, Román Adame

El amor de Dios es infinito para el alma que confía en Él.

22 ABRIL
Santos Sotero y Cayo, Oportuna, Leónidas

Preocupémonos por obrar bien hoy; el mañana vendrá también a llamarse hoy, y entonces pensaremos en él.

23 ABRIL
Santos Jorge, Adalberto, Gerardo

Contentaos con hallaros en presencia de Dios por más que no le veáis ni le sintáis y ni siquiera podáis representároslo. Empezad por un acto de fe y, de cuando en cuando, probad si ya lo empezáis a ver.

24 ABRIL
Santos Fidel, María Cleofé y Salomé, María Eufrasia, Benito Menni

Pretendemos demasiado; queremos a la vez los méritos del Calvario y los consuelos del Tabor, y aun quizá deseamos ser favorecidos al mismo tiempo de Dios y del mundo.

25 ABRIL
Santos Marcos Evangelista, Pedro de Betancurt, Aniano

Cuando por amor del prójimo sufrimos alguna incomodidad, entonces le amamos con más perfección, porque le amamos puramente por amor de Dios.

26 ABRIL
Santos Isidoro de Sevilla, Rafael Arnáiz Barón, Cleto

Alimentad vuestra alma con un espíritu de confianza cordial en Dios, y según la medida de vuestras imperfecciones y miserias cobrad ánimo y esperad más firmemente.

27 ABRIL
Santos Zita, Simeón.
Nuestra Señora de Montserrat

Comer poco, trabajar mucho, tener muchas preocupaciones y rehusar el dormir al cuerpo es querer obtener mucho servicio de un caballo que está desmedrado, sin hacerlo pastar.

28 ABRIL
Santos Luis Mª G. de Montfort,
Pedro Chanel. Beata Juana Beretta

Puesto que el corazón de nuestro Salvador no tiene otras leyes que la dulzura, humildad y caridad, nosotros actuaremos siempre conducidos por este suave yugo.

29 ABRIL
Santos Catalina de Siena, Síquico, Hugo

El amor cordial debe tener dos cualidades: la afabilidad y el buen trato.

30 ABRIL
Santos Pío V, José B. Cottolengo, Amador

A medida que crezca nuestra confianza en la Providencia, mayor será el cuidado que tenga de todas nuestras necesidades.

MAYO

1 MAYO
Santos José Obrero, Jeremías, Ricardo Pampuri

Procura vencer las pequeñas tentaciones de cólera, de sospechas, celos, envidia, terquedad, doblez, afectación, vanidad, y los malos pensamientos; porque resistiendo a las tentaciones pequeñas adquirirás mucha fuerza, y te harás capaz de vencer las grandes.

2 MAYO
Santos Atanasio, Félix de Sevilla, Hesperio y Zoes e hijos

Conviene temer los juicios de Dios, pero sin perder por eso el ánimo; y conviene animarse a la vista de su misericordia, pero sin presunción.

3 MAYO
Santos Felipe y Santiago Apóstoles, Timoteo y Maura, Juvenal

María es esa hermosa flor sobre la cual reposa el Soplo de Dios mismo.

4 MAYO
Santos José María Rubio, Florián, Silvano

Como las abejas que sacan la miel de toda clase de flores, hemos de esforzarnos en imitar al prójimo en todo lo que notemos de bueno en su conducta.

5 MAYO
Santos Ángel de Sicilia, Máximo, Niceto

El amor es lo que perfecciona nuestras obras. Más aún, si alguien sufre el martirio por Dios con una onza de amor, tiene mucho mérito, ya que ha dado su vida por Dios. Pero si otra persona solamente sufriera un contratiempo con dos onzas de amor, tendría más mérito, porque es precisamente el amor y la caridad lo que aquilata el valor de nuestras obras.

6 MAYO
Santos Domingo Savio, Lucio Cireneo, Benita

Cuando se desliza alguna imperfección en el modo de practicar la virtud es menester no dejar las buenas resoluciones, pensando que alguna que otra vez acaecía lo mismo a los santos.

7 MAYO
Santos Flavia Domitila, Agustín Roscelli, Flavio

Me parece que el conocimiento de nuestras imperfecciones, lejos de turbarnos, debiera alegrarnos, porque es un medio para la enmienda.

8 MAYO
Santos Víctor, Eladio, Arsenio. Ntra. Sra. de Luján

Mirad vuestras faltas y las de los demás con compasión, no con indignación: con humildad, más que con severidad.

9 MAYO
Santos Isaías, Hermes, Pacomio, Catalina de Bolonia

Con el prójimo portaos siempre con mucha cordialidad y afecto, pero sin menoscabo de la virtud, y sin ofensa de Dios.

10 MAYO
Santos Juan de Ávila, Antonino de Florencia, Job

Miremos al prójimo con ojos sencillos y caritativos, sin pararnos mucho en examinar sus acciones.

11 MAYO
Santos Francisco de Jerónimo, Mamerto. Beato Zeferino Namuncurá

Qué feliz serás sin en medio del

mundo conservas a Jesucristo en tu corazón.

12 MAYO
Santos Nereo y Aquiles, Pancracio, Domingo de la Calzada

El amor lima la aspereza del trabajo o hace grata la aspereza.

13 MAYO
Nuestra Señora de Fátima. Santos Pedro Nolasco, Pedro Regalado

Creedme: la mortificación de los sentidos, el tener a raya los ojos, los oídos, la lengua, es mucho más meritorio que la cadena y el cilicio.

14 MAYO
Santos Matías Apóstol, María Dominica Mazzarello, Justa y Eredina

Muchas personas no adelantan en la piedad porque no descubren a sus confesores cierta pasión dominante, de la que nacen todas sus faltas.

15 MAYO
Santos Isidro Labrador, Juana de Lestonnac, Witesindo de Córdoba

¡Qué mejor oración que mirar con frecuencia al crucifijo y ofrecerle nuestras penas y sufrimientos unidos a los de Él!

16 MAYO
Santos Gema Galgani, Simón Stock, Alipio y Posidio

Cuando se dice que nos hemos de despojar de nosotros mismos, se entiende que para revestirnos en seguida de Jesucristo crucificado.

17 MAYO
Santos Pascual Bailón, Víctor, Heraclio y Pablo

Que toda vuestra vida y actividades sean para uniros con Dios y para ayudar con vuestras oraciones y buenos ejemplos a la Santa Iglesia y a la salvación del prójimo.

18 MAYO
Santos María Josefa del Sagrado Corazón, Rafaela María, Félix

Muchos aspiran a la perfección, pocos la alcanzan, porque no caminan hacia ella con plena confianza en Dios, con entero abandono a su Providencia paternal.

19 MAYO
Santos Francisco Coll, Urbano I, Ivón, Celestino V

Nada disminuye tanto el mérito y valor de nuestras buenas obras como el querer hacerlas conforme a nuestra elección y gusto.

20 MAYO
Santos Bernardino de Siena, Lidia, Áurea

¡Qué dichosas son las almas que se emplean en el servicio de Dios! Por pequeñeces e insignificantes que sean las recompensa grandemente.

21 MAYO
Santos Cristóbal Magallanes, Eugenio de Mazenod, Mancio de Évora

Que vuestra piedad sea dulce, suave, agradable, pacífica, muy sincera, que se haga amar de Dios y de los hombres.

22 MAYO
Santos Joaquina de Vedruna, Rita de Casia, Quiteria

Con frecuencia, nuestras pasiones duermen y permanecen amodorradas; pero si, mientras tanto, no hacemos provisión de fuerzas para la lucha, seremos vencidos y derrotados por ellas cuando despierten.

23 MAYO
Santos Lucio, Eutiquio

Quien os llama a la conquista de su purísimo amor es suficientemente poderoso para ayudaros a conseguirlo.

24 MAYO
María Auxiliadora.
Santos Vicente de Lèrins, Simón Estilita, Juana

El amor lo convierte todo en dulzura y suavidad.

25 MAYO
Santos Beda, Gregorio VII,
Mª Magdalena de Pazzi, Magdalena Sofía, Vicenta María

Cuando se os reprenda, o se os impute alguna falta, aun ligera, haced todo lo posible para no excusaros. ¡Oh, cuán útil es esta práctica!

26 MAYO
Santos Felipe Neri,
Mariana de Jesús Paredes,
Pedro Mártir Sans

Se ha de hacer todo por amor, nada por fuerza.

27 MAYO
Santos Agustín Canterbury, Bruno, Bárbara Kim y Bárbara Yi

Sé que Dios todo lo dispone y me complazco en todo lo que Él dispone.

28 MAYO
Santos Justo de Urgel, Germán de París, Guillermo

Cuando se ha tomado una deliberación, no se debe discutir ya, a menos que se trate de cosa notoriamente mala. En este caso, si es posible de cualquier modo retardar la ejecución y poner remedio a lo ya hecho, deberemos intentarlo con mucha caridad y sin que nadie se dé cuenta; así no turbamos a ninguno y no menospreciaremos lo que había sido juzgado bueno y justo.

29 MAYO
Santos Bona, Gerardo, Maximino

Seamos aquello que somos y tratemos de ser lo mejor posible para honrar al gran Artista de quien somos la obra.

30 MAYO
Santos Fernando Rey, Juana de Arco, Matías Mulumba. Beata Matilde Téllez

Sed siempre lo más suave y dulce que podáis.

31 MAYO
Visitación de la Virgen María. Santos Noé Mawaggali, Petronila, Silvio

Ea, imitemos a la Virgen Nuestra Señora: andemos con alegría por donde quiera que le plazca al Salvador conducirnos, sea el camino grato o penoso.

JUNIO

1 JUNIO
Santos Justino, Fortunato, Íñigo, Próculo

Cuando se os impute alguna falta que no habéis cometido, excusaos con la mayor dulzura posible; si esto no basta para justificaros, recurrid a la humildad y al silencio.

2 JUNIO
Santos Marcelino y Pedro, Eugenio I, Erasmo, Guido

El amor propio es muy emprendedor, en todo se mete, todo lo abarca, quiere hacerlo todo y no hace nada.

3 JUNIO
Santos Carlos Luanga, Juan Grande, Clotilde, Olivia

Amad a todo el mundo con amor de caridad; pero no tengáis amistad con nadie que no pueda serviros en algo para adquirir la virtud.

4 JUNIO
Santos Pedro Mártir de Verona, Francisco Caracciolo, Walter

El pecho del Salvador es una fuente de amor donde los bienaventurados beben hasta saciarse.

5 JUNIO
Santos Bonifacio, Doroteo, Franco, Sancho

En Ti, Señor he puesto mi esperanza: digamos esto, pero digámoslo a menudo, fervorosamente, con convicción, y nos ocurrirá que *nunca me veré confundido.*

6 JUNIO
Santos Norberto, Marcelino Champagnat, Rafael Guízar, Artemio y Paulina

Es un gran consuelo morir en el Corazón con Jesucristo. Tan gran consuelo es éste, que es digno de que se procure con ahínco conservarle toda la vida.

7 JUNIO
Santos Antonio Mª Gianelli, Roberto, Pedro. Beata Ana de S. Bartolomé

Cuando advertimos los defectos que tenemos y las virtudes que nos faltan no debemos inquietarnos, sino bendecir a Dios, porque nos da a conocer lo que nos falta y lo que nos sobra.

8 JUNIO
Santos Maximino, Guillermo, Medardo

Cuando sintáis deseos de hacer alguna cosa grande, empezad por humillaros y desconfiad de vosotros mismos; después abandonaos en los brazos de Dios y tened confianza en Él, que con su ayuda, de todo saldréis bien.

9 JUNIO
Santos Efrén, Ricardo, Columba.

El corazón que ama a Jesucristo crucificado ama también sus ignominias, sus dolores y su muerte; y si le cabe de esto alguna parte, se alegra y abraza la cruz de buena gana.

10 JUNIO
Santos Landerico, Itamar, Bogumilo

Nada más natural que ocultar los propios defectos; siendo esto así, ¿por qué nos agrada tanto que se descubran los ajenos?

11 JUNIO
Santos Bernabé, María Rosa Molas, Alicia

El que tiene el corazón desprendido goza siempre de un contento interior, sin perderlo jamás hasta cierto punto; la tristeza sólo se apodera de los que están apegados a las cosas del mundo.

12 JUNIO
Santos Juan de Sahagún, León III, Onofre
¡Qué bueno es el Señor, qué amigable su Corazón! Permanezcamos allí en esta santa morada y que este Corazón viva siempre en las venas de nuestras almas.

13 JUNIO
Santos Antonio de Padua, Eulogio, Aquiles
Ni de Dios ni de cuanto pertenece a su servicio nunca debemos hablar por vía de recreo ni de chanza, sino siempre con sumisión y respeto.

14 JUNIO
Santos Eliseo, Anastasio, Fortunato, Metodio
Es una doble gracia que las buenas obras sean bien hechas y alegremente ejecutadas.

15 JUNIO
Santos María Micaela, Amós, Germana, Benidle, Vito

Nada se debe pedir a Dios con tanta insistencia como el puro amor de nuestro Salvador.

16 JUNIO
Santos Quirico y Julita, Lutgarda, Aureliano

Cuando sufrimos alguna pena o aflicción particular debemos alentarnos considerando que los santos las sufrieron mayores y con alegría.

17 JUNIO
Santos Teresa de Portugal, Avito, Domingo Nguyen

Quien no mira a su prójimo en el Corazón de Dios corre el peligro de no amarlo pura, constante e igualmente.

18 JUNIO
Santos Marcos y Marcelino, Ciriaco y Paula, Gregorio Barbarigo

El Corazón de Dios es tan abundante en amor que todos pueden poseerlo sin que por eso dejen de poseerlo los demás.

19 JUNIO
Santos Romualdo, Gervasio y Protasio, Lamberto, Juliana

En todo momento dad vuestro corazón al Salvador. Entregaos a Jesús sin reserva y Él se os dará sin medida.

20 JUNIO
Santos Florentina de Cartagena, Metodio, Juan de Mateola

Ser buen cristiano consiste en ser caritativo con el prójimo, tener el propósito de seguir la voluntad de Dios, confiar en Dios con humildad y sencillez y levantarse tantas veces cuantas se caiga en el pecado.

21 JUNIO
Santos Luis Gonzaga, Ramón de Roda, José Isabel Flores

En una palabra, la perfección de la caridad es la perfección de la vida, ya que la vida de nuestra alma no es sino la caridad.

22 JUNIO
Santos Paulino de Nola, Juan Fisher y Tomás Moro

Amad mucho a Dios y, por amor de Dios, a todas las criaturas, principalmente a aquellas que os desprecian.

23 JUNIO
Santos José Cafasso, Edeltrudis, Tomás Garnet

Generalmente debemos sazonar la conversación con moderada alegría.
Si advierto que mi prójimo puede escandalizarse de cualquier acción mía, aún cuando fuera lícita hacerla y, haciéndola,

no cometiera ningún pecado, me abstendría de hacerla para no escandalizarle.

24 JUNIO
Natividad de San Juan Bautista.
Santos Simplicio, Rumoldo

Dios reservó distintos favores a un pequeño número de criaturas excepcionales que quiso poner a salvo del peligro de condenación, como se asegura de San Juan Bautista... que la divina Providencia eligió desde el vientre de su madre, confirmándolo entonces en gracia perpetuamente, a fin de que permaneciese firme en su amor.

25 JUNIO
Santos Máximo de Turín,
Próspero de Aquitania, Orosia,
Domingo Henares

En las personas amadas todo nos parece excusable; pero en cuanto a las que no nos han caído en gracia, en todo hallamos qué decir.

26 JUNIO
Santos Pelayo, Josemaría Escrivá, José Mª Robles

Cuando tengamos ganas de enfadarnos con alguien, mirémosle en el pecho de Dios y nos guardaremos de enfadarnos entonces; es el mejor medio de conservar la paz del corazón.

27 JUNIO
Santos Cirilo de Alejandría, Zoilo. Ntra. Sra. del Perpetuo Socorro

El corazón es la fuente de nuestras acciones, y las acciones son como es el corazón.

28 JUNIO
Santos Ireneo de Lyon, Argimiro, Pablo I, Lucía Wang-Cheng

Cuando el corazón está en el cielo, no le pueden turbar los accidentes de la tierra.

29 JUNIO
SANTOS PEDRO Y PABLO APÓSTOLES, Emma, Siro

En la Iglesia de Jesucristo todo pertenece al Amor, todo está fundado sobre el Amor, todo es Amor.

30 JUNIO
Santos Protomártires de Roma, Marcial, Ladislao, Adolfo

Cuando tu amigo llama a tu corazón con amor, dale la bienvenida dentro de tu ser.

JULIO

1 JULIO
Santos Aarón, Nicasio, Justino Orona y Atilano Cruz

En la peregrinación de esta vida, nuestro Señor quiere llevarnos de la mano, pero también que nosotros vayamos dando pasitos, haciendo lo que podamos por nuestra parte.

2 JULIO
Santos Bernardino Realino, Liberato, Monegunda

Cuando un sentimiento de amor y gratitud penetra en el corazón, en primer lugar produce la unión con la Divina Bondad, y si se mantiene va penetrando por toda el alma como un perfume precioso y se extiende por la voluntad..., uniéndonos más y más a Dios.

3 JULIO
Santos Tomás Apóstol, Heliodoro, León

Es una gran perfección un carácter dulce, igual y dueño de sí en cualquier circunstancia.

4 JULIO
Santos Isabel de Portugal, Valentín de Berriochoa, Berta. Beato Pedro Jorge Frassati

Evitad burlaros del prójimo, injuriarle y criticarle; poco a poco llegaríais a despreciarle y aborrecerle.

5 JULIO
Santos Antonio Mª Zaccaria, Marta

Es verdad que la esencia de la oración reside en el alma; pero la voz, la postura y otros signos externos son nobilísimas pertenencias y accidentes ventajosos de la misma.

6 JULIO
Santos María Goretti, Rómulo, Paladio

Cuando el mundo viene a daros sus noticias, debéis dárselas también, pero del otro mundo.

7 JULIO
Santos Fermín, Odón, Edilburga

Cuando una persona sufre puramente por amor de Dios ni se queja, ni siente apenas sus males y se preocupa muy poco de que haya quien de ellos se conduela.

8 JULIO
Santos Áquila y Priscila, Adrián, Pancracio

Amar a Dios en medio de los consuelos pueden hacerlo los más débiles y hasta los niños; pero amarle cuando nos llena de amargura, es propio de almas generosas y constantes.

9 JULIO
SS. Juan de Colonia, Verónica Giuliani. Ntra. Sra. del Rosario de Chiquinquirá

Si al caer en algún defecto, en vez de disgustarnos y desalentarnos, nos esforzásemos en animar nuestro corazón para que sea más fiel en adelante, haríamos grandes progresos en el camino de la perfección.

10 JULIO
Santas Amalia, Rufina, Segunda, Anatolia y Victoria

Cuanto más miserables nos reconocemos, más ocasión tenemos de confiar en Dios, ya que en nosotros mismos nada hay en qué confiar.

11 JULIO
Santos Benito, Pío I, Olga, Marciano, Marciana

Bienaventurados los corazones flexibles, porque no se romperán jamás.

12 JULIO
Santos Ignacio Clemente Delgado, Juan Gualberto, Juan Jones y Juan Wall

Si arrebatado por la ira os excedéis contra alguno, reparad vuestra falta en cuanto podáis, practicando exteriormente algún acto de dulzura hacia la misma persona.

13 JULIO
Santos Enrique, Teresa de J. de los Andes, Silas, Esdras. B. Jacobo de Varazze

Si cuando rezáis os cansáis de rodillas, sentaos; si no podéis concentrar la atención media hora, rezad aunque sea sólo siete minutos.

14 JULIO
Santos Camilo, Francisco Solano, Tuscana

Cuanto más nos gusta ser aplaudidos por lo que decimos, tanto más propensos somos a criticar lo que dicen los demás.

15 JULIO
Santos Buenaventura, Pompilio Mª Pirrotti, Vladimiro

El bienaventurado Fray Gil, uno de los primeros compañeros de San Francisco, dijo un día a San Buenaventura: «Felices vosotros los doctos, que sabéis tantas cosas por las cuales podéis alabar a Dios; pero nosotros, los incultos, ¿qué haremos». San Buenaventura le respondió:

«La gracia de amar a Dios os basta. Una pobre mujercita puede amar tanto a Dios como un doctor en Teología.»

16 JULIO
Ntra. Sra. del Carmen. Santos Reinilda, Grimoaldo y Gondulfo

Si el mundo no os estima, ¡enhorabuena! Alegraos de que a lo menos esta vez no mienta y juzgue bien.

17 JULIO
Santos Justa y Rufina, Marcelina, Alejo, Jacinto

De la misma manera que la debilidad o enfermedad del niño disgustan a su madre y, sin embargo, no por ello deja de quererlo, sino que lo quiere tiernamente y con mayor compasión, así también, aunque Dios no ame nuestras imperfecciones y pecados veniales, no deja de amarnos tiernamente.

18 JULIO
Santos Arnulfo, Teodosia, Bruno, Federico

El corazón verdaderamente enamorado ama el beneplácito divino, no solamente en las consolaciones, sino también en las aflicciones. Y las ama aún más en la cruz, en las penas y trabajos, porque la principal virtud del amor es hacer sufrir al amante por la cosa amada.

19 JULIO
Santos Epafras, Macrina, Áurea, Belnoldo

Si Dios no hubiera creado a los hombres, hubiera sido ciertamente bondadoso, pero no misericordioso, puesto que no hubiera podido ejercitar su misericordia con ninguno, ya que la misericordia se usa con los miserables.

20 JULIO
Santos Apolinar, Elías, José M. Díaz Sanjurjo, Marina, Aurelio

Hasta en medio de vuestras riquezas podéis conservar el espíritu de pobreza. ¿Y por qué les habéis de entregar un corazón que sólo ha de aspirar a las cosas eternas?

21 JULIO
Santos Lorendo de Brindis, Práxedes, Víctor, Alberico

De nada sirve ser muy quisquilloso y delicado por conservar la reputación. Nunca ésta se conserva mejor que disimulando lo que puede serle contrario.

22 JULIO
Santos María Magdalena, Anastasio, Cirilo, Gualterio (Walter)

Si estáis afligidos, pensad que Dios ve cómo sabéis sufrir por Él y cómo os conformáis con su voluntad, y os está mirando con ojos de Padre.

23 JULIO
Santos Brígida, Ezequiel, Juan Casiano, Severo. B. Margarita Maturana

Haced que el Salvador sea el corazón de

vuestro corazón y veréis cómo va apoderándose de vuestro espíritu y desplazando de él el mundo.

24 JULIO
Santos Sarbelio, José Fernández, Cristina, Balduino, Boris y Gleb

Si lo que apetezco es agua pura, ¿qué me importa tenerla servida en vasija de oro o en vaso de cristal? ¿Qué me importa que la voluntad de Dios se me ofrezca en la tribulación o en el consuelo, si la voluntad de Dios es lo único que yo busco y deseo en una y otra cosa?

25 JULIO
Santos Santiago el Mayor, Cucufate, Cristóbal, Olimpia

El don de meditar no se adquiere con los esfuerzos de nuestro espíritu, sino con una dulce y tranquila humildad de corazón.

26 JULIO
Santos Joaquín y Ana, Jorge Precca

Si el mundo no tuviera algo que decir

contra nosotros, no seríamos verdaderos servidores de Dios.

27 JULIO
Santos Celestino I, Pantaleón, Juliana y Semproniana. B. Tito Brandsma

Hasta las más pequeñas acciones son grandes y excelentes, si las hacemos con la única mira y con la firme voluntad de agradar a Dios.

28 JULIO
Santos Víctor I, Melchor de Quirós, Pedro Poveda, Nazario y Celso

Amar a Dios no es sentir los más inefables goces, sino mantener la firme resolución de agradarle a Él en todo.

29 JULIO
Santos Marta de Betania, Urbano II, Félix, Próspero

El ejercicio constante de entrega de sí mismo en las manos de Dios comprende en sí con excelencia la perfección de todos los demás ejercicios.

30 JULIO
Santos Pedro Crisólogo, Abdón y Senén, Julita

Debemos amarnos unos a otros aquí en la tierra como un día nos amaremos en el cielo.

31 JULIO
Santos Ignacio de Loyola, Fabio, Elena

El que tiene sus complacencias en la infinita perfección de Dios, desea que el nombre de Dios sea bendecido, exaltado, alabado, honrado y adorado cada vez más.

AGOSTO

1 AGOSTO
Santos Alfonso Mª de Ligorio, Félix
Debemos caminar apoyados más en la Bondad divina y en su Providencia que en nosotros mismos y en nuestras obras.

2 AGOSTO
Santos Eusebio, Pedro Julián Eymard. B. Juana de Aza. Ntra. Sra. de los Ángeles
El gran bien de un alma no consiste en pensar mucho en Dios, sino en amarle mucho.

3 AGOSTO
Santos Martín, Eufronio, Pedro
Amar la voluntad de Dios en las consolaciones es un amor bueno, cuando en verdad se ama la voluntad de Dios y no la consolación en la cual la divina voluntad

se muestra. Amar la voluntad divina en sus mandamientos, consejos e inspiraciones es un segundo grado de amor, mucho más perfecto. Amar los sufrimientos y aflicciones por el amor de Dios es el grado más alto de la caridad; porque en esto no hay nada humanamente gratificante, sino exclusivamente el deseo de cumplir la voluntad de Dios.

4 AGOSTO
Santos Juan M. Vianney, Jacinto, Rainiero, Aristarco

Estamos obligados a honrar a los sacerdotes y mirarlos como representantes de Dios en la tierra.

5 AGOSTO
Dedicación Basílica Santa María la Mayor, Virgen de las Nieves, Virgen Blanca

Hay personas tan prendadas de lo que hacen, que caen en una especie de idolatría; sus acciones son otros tantos ídolos.

6 AGOSTO
Transfiguración del Señor.
Santos Justo y Pastor, Hormisdas

En la Transfiguración Dios nos hizo ver una pequeña muestra de la felicidad eterna para hacérnosla desear toda entera.

7 AGOSTO
Santos Sixto II, Cayetano, Alberto, Donato, Afra, Miguel de la Mora

Debemos confiar plenamente en Dios y hacerlo todo por Él. Cuanto más viva y perfecta sea nuestra confianza, más velará su Providencia por nosotros.

8 AGOSTO
Santos Domingo de Guzmán, Bonifacia Rodríguez, Ciriaco

Santo Domingo y los demás fundadores de órdenes religiosas se dedicaron al servicio de las almas siguiendo una inspiración extraordinaria; pero se sometieron al mismo tiempo, humilde y cordialmente, a la jerarquía de la Iglesia. En suma, las tres y más seguras señales de la legitimidad de las inspiraciones son: perseverancia, contra la inconstancia y la ligereza; paz y dulzura de corazón, contra las inquietudes y precipitaciones; humildad y obediencia, contra el espíritu de independencia y terquedad.

9 AGOSTO
Santos Teresa Benedicta de la Cruz (Edith Stein), Román

Debemos ser más generosos y no asombrarnos de vernos sujetos a tantas imperfecciones; y debemos tener gran valor para despreciar nuestras inclinaciones, humores, caprichos y mimos, viviendo mortificados en todo momento. Si después volvemos a caer en otra imperfección, no nos desalentemos; tomemos otra vez fuerzas para ser más fieles en la próxima ocasión y sigamos avanzando por el camino de Dios, mediante la renuncia de nosotros mismos.

10 AGOSTO
Santos Lorenzo, Blano

El hacer servicios a las personas a quienes nos sentimos poco inclinados es mucho más meritorio, porque tiene menos parte en la acción el amor propio, y se obra únicamente por amor de Dios.

11 AGOSTO
Santos Clara, Susana, Rufino, Alejandro

Si el mundo os estima no hagáis caso de ello, porque, como es ciego, no entiende ni apenas ve nada.

12 AGOSTO
Santos Juana F. de Chantal, Aniceto y Focio. Beata Victoria Díez

Un alma grande sólo aspira a la eternidad, y como la eternidad ha de existir siempre, mira como debajo de sí todo lo que no es eterno: lo que no es infinito le parece demasiado vil, para que pueda merecer su afecto.

13 AGOSTO
Santos Ponciano e Hipólito, Máximo el Confesor, Radegunda, Benildo

Decimos muy a menudo: «Estoy lleno de imperfecciones y defectos»; pero si otro lo dijera de nosotros, seguramente lo llevaríamos a mal.

14 AGOSTO
Santos Maximiliano Mª Kolbe, Marcelo, Arnulfo

Hay que ser animoso y perseverante en dulzura y paciencia.

15 AGOSTO
ASUNCIÓN DE LA VIRGEN MARÍA. Santos Tarsicio, Luis, Manuel, Salvador y David

No me repliques que esta soberana Virgen estaba sujeta a la muerte. ¡No, no me digas eso! Pues ¿no ves cómo su muerte es un sueño de amor? La muerte de María fue dulce sobremanera y mucho más de cuanto podemos imaginar. La atrajo su Hijo al olor de sus perfumes. Y ella corrió dulcemente a percibirlos en el seno de la divina Bondad. Si el amor había dado, al pie de la cruz, a esta divina Esposa los extremos dolores de la muerte, parecía razonable que la muerte le hiciera gustar las supremas delicias del amor.

16 AGOSTO
Santos Esteban de Hungría, Roque, Teodoro

Si miramos nuestras aflicciones a través de la Cruz de Jesucristo nos parecerán ligeras y deseables.

17 AGOSTO
Santos Jacinto de Polonia, Beatriz de Silva, Eusebio, Clara de Montefalco

Amar los sufrimientos y las aflicciones por amor de Dios es la cumbre del amor.

18 AGOSTO
Santos Alberto Hurtado, Elena. Beato Manés de Guzmán

El hombre no llega a la perfección de un golpe sino poco a poco, paso a paso; tampoco se cae en el pecado de repente, sino que de faltas pequeñas se pasa a las más grandes.

19 AGOSTO
Santos Juan Eudes, Ezequiel Moreno, Luis, Sixto, Magín

Si los enemigos de vuestra alma os dejan alguna vez en paz, no os fiéis de ellos: son enemigos que pueden ser rechazados, pero no del todo destruidos: por pacíficos que se os muestren, puede ocurrir que, a no tardar, os declaren una guerra más cruel.

20 AGOSTO
Santos Bernardo, Samuel, Leovigildo, Cristóbal

Dichosos los corazones flexibles porque jamás se romperán.

21 AGOSTO
Santos Pío X, Ciriaca, José Dang Dinh

Hay que tener las comodidades necesarias para el cuerpo, como calentarlo, alimentarlo o vestirlo, pero con sencillez y sin quejarnos cuando tuviéramos alguna incomodidad.

22 AGOSTO
María Reina. Santos Sinforiano, Felipe Benizi, Juan Kemble

Si no podemos hablar con Dios porque estamos afónicos, permanezcamos en la habitación y hagámosle reverencia; allí nos verá, agradecerá nuestra paciencia y recompensará nuestro silencio.

23 AGOSTO
Santos Rosa de Lima, Eugenio, Abundio e Ireneo

Si no rezáis mucho en medio de vuestros males, haced que la misma enfermedad sea de suyo una oración.

24 AGOSTO
Santos Bartolomé Apóstol, Jorge, Juana Antita Thouret, Emilia de Vialar

Si no sentís tal confianza en Dios, no por eso dejéis de hacer actos de ella y decir: *Sé que eres mi Dios, que yo soy todo tuyo y no tengo otra esperanza fuera de tu Bondad; por tanto me abandono entero en tus manos.*

25 AGOSTO
Santos Luis IX de Francia, José de Calasanz. Beato Luis Urbano

Dios exige mucho más de nosotros la fidelidad en las pequeñas ocasiones que nos pone en la mano, que los ardientes deseos de hacer grandes cosas que no están en nuestro poder.

26 AGOSTO
Santos Teresa de J. Jornet, Melquisedec. Beato Junípero Serra

Si obramos bien, ¿qué importa que el mundo regañe, acuse, murmure? Dejad que digan, escuchadlo y sufridlo todo. No os espantéis por nada y continuad con fidelidad y buen ánimo.

27 AGOSTO
Santos Mónica, Cesáreo de Arlés, Amadeo, David Lewis

Andemos por los bajos valles de las pequeñas virtudes y veremos rosas entre las espinas.

28 AGOSTO
Santos Agustín, Julián, Hermes, Alejandro

El corazón humano tiende a Dios por natural inclinación. Cuando lo encuentra por la fe exclama: «He hallado al que deseaba y ahora soy feliz».

29 AGOSTO
Martirio de San Juan Bautista. Santos Sabino, Víctor, Adelfo

El hombre sencillo es el que nunca se turba, pues no busca sino a Dios en su camino.

30 AGOSTO
Santos Juana Jugan, Félix y Adauto, Margarita Ward

Dios no hace esperar su misericordia cuando encuentra confianza y diligencia.

31 AGOSTO
Santos Ramón Nonato, José de Arimatea y Nicodemo, Dominguito del Val

Haz con libertad todo aquello que te pide la caridad.

SEPTIEMBRE

1 SEPTIEMBRE
Santos Josué, Gil, Sixto, Vicente

Animad de continuo vuestro ánimo con la humildad y vuestra humildad con la confianza en Dios, de modo que vuestro ánimo sea humilde y vuestra humildad animosa.

2 SEPTIEMBRE
Santos Antonino, Zenón, Teódota. Beata Ingrid

El mayor enemigo del hombre es él mismo.

3 SEPTIEMBRE
Santos Gregorio Magno, Basilisa, Sandalio

Dios no juzga de la perfección de nuestras acciones por el número de ellas, sino por la manera de hacerlas.

4 SEPTIEMBRE
Santos Moisés, Marcelo, Cándida, Rosalía, Ntra. Sra. de la Consolación

He dicho varias veces que quien no es humilde tampoco es casto; y lo he dicho porque Dios por lo regular permite las caídas en los pecados más vergonzosos, con el fin de abatir y corregir el orgullo del espíritu. Si queréis conservar la castidad huid de todas las ocasiones de perderla; en esta materia el más leve comienzo acarrea consecuencias funestas.

5 SEPTIEMBRE
Santos Bertín, Urbano, Pedro Nguyen. Beata Teresa de Calcuta

Si os veis obligados a oponeros al dictamen de otros, hacedlo; pero con tanta dulzura y destreza que no parezca que tratáis de violentar los espíritus.

6 SEPTIEMBRE
Ntra. Sra. de Guadalupe (España). Santos Zacarías, Onesíforo, Bega

Si pasamos algún tiempo sin cometer ninguna falta, no tardará mucho la ocasión en que caigamos de nuevo en imperfecciones; entonces debemos aprovecharnos para hacer acopio de virtud con las humillaciones que nos vengan.

7 SEPTIEMBRE
Santos Regina, Madelberta, Clodoaldo

He visto unas montañas imponentes cubiertas de gruesas capas de nieve. Los habitantes de los valles vecinos me dijeron que cierto pastor, yendo en busca de una vaca suya, se cayó a una sima de doce picas de profundidad, en la que murió helado. ¡Oh, Dios mío!, si el celo de aquel pastor por rescatar su vaca fue tan grande que ni el hielo pudo enfriarlo, ¿por qué yo soy tan cobarde para buscar mis ovejas?

8 SEPTIEMBRE
Natividad de María. Santos Fausto, Sergio. Beato Federico Ozanam

Esta Santísima Madre, como reservada completamente a su Hijo, fue redimida por Él no sólo de la condena, sino de todo peligro de perdición, asegurándole la gracia en la perfección de la gracia; para caminar como bella naciente aurora que va aumentando continuamente en esplendor hasta llegar al mediodía.

9 SEPTIEMBRE
Santos Pedro Claver, María de la Cabeza

Si queréis llegar fácilmente a la verdadera perfección, entre muchos directores escoged uno que sea sabio, prudente y caritativo.

10 SEPTIEMBRE
Santos Nicolás de Tolentino, Pedro de Mezonzo. Beato Francisco Gárate

Si se está apenado, Jesús regocija; si se está tentado, Él ayuda; si se está herido, Él cura.

11 SEPTIEMBRE
Santos Proto y Jacinto, Félix y Régula, Emiliano. Ntra. Sra. de Coromoto

Juzgar pertenece a Dios. Él ve el corazón humano, el hombre no ve más que la cara.

12 SEPTIEMBRE
Dulcísimo Nombre de María. Santos Guido, Albeo. Ntra. Sra. Fuensanta

Si reconociese en mi corazón la menor fibra que no estuviese penetrada del amor de Dios, al instante la arrancaría.

Los cristianos, por el miedo que los truenos, las tormentas y otros accidentes naturales les proporcionan, invocan los sagrados nombres de Jesús y de María.

13 SEPTIEMBRE
Santos Juan Crisóstomo, Julián, Marcelino

La desconfianza de sí mismo es muy buena mientras sirva de cimiento de la confianza en Dios; pero si causa inquietud, es necesario desecharla sin vacilar, porque es la tentación de las tentaciones.

14 SEPTIEMBRE
Exaltación de la Santa Cruz. Santos Alberto, Notburga

El mérito de la cruz no está en su peso, sino en el modo de llevarla. ¡Ay, Jesús mío! ¿Cuándo te ofreceremos en holocausto nuestra libertad? ¿Cuándo la ataremos y extenderemos sobre el ara de tu Cruz, de tus espinas, de tu lanza, para que, como ovejita, sea víctima agradable a tu soberana voluntad, y muera y arda en el fuego, bajo el cuchillo del santo amor? ¡Oh libre albedrío de mi corazón, qué bueno sería para ti verte atado y rendido en la Cruz del divino Salvador! ¡Cuán deseable morir en ti mismo para arder, por siempre jamás, en holocausto al Señor!

15 SEPTIEMBRE
Ntra. Sra. de los Dolores.
Santos Nicomedes, Valeriano, Alpino

Ningún alma dio a luz a Jesucristo sin dolores, salvo la santísima Virgen, que los hubo de sufrir junto a la cruz cuando su Hijo murió. María no se desmayó de amor ni compasión junto a la cruz de su Hijo, a pesar de que sintiera el más ardiente y doloroso deliquio de amor que se pueda imaginar. Aunque el impulso fue extremado, era fuerte y dulce al mismo tiempo, poderoso y tranquilo, activo y fuerte, compuesto de un calor agudo, pero igual, uniforme.

16 SEPTIEMBRE
Santos Cornelio y Cipriano, Juan Macías, Eufemia, Rogelio

Animémonos a hacer actos buenos y fervorosos porque uno de estos vale más que diez de los otros.

17 SEPTIEMBRE
Santos Roberto Belarmino, Pedro Arbués, Lamberto, Columba

El mayor defecto que tienen nuestras oraciones y todo lo que nos sucede es que nuestra confianza es pequeña. Por eso no merecemos recibir el socorro que deseamos o pedimos.

18 SEPTIEMBRE
Santos José de Cupertino, Ariadna, Sofía, Domingo Trach

La afabilidad y la dulzura comunican su gracia a las conversaciones serias. Sabiendo condescender oportunamente, tratamos al prójimo como debemos tratarlo: con agrado y buenos modos en obras y palabras.

19 SEPTIEMBRE
Santos Jenaro, Alonso de Orozco, Mariano, María de Cervelló

La cruz es la puerta real para el templo de la santidad. El que la busca fuera, no encontrará su rastro.

20 SEPTIEMBRE
Santos Andrés Jim, Pablo Chong, Juan Carlos Cornay

No consiste la perfección en no trabar ninguna amistad; pero sí en tenerlas buenas y santas.

21 SEPTIEMBRE
Santos Mateo, Jonás, Cástor, Landelino, Maura

La distancia del cielo a la tierra no podrá separar los corazones que Dios ha unido.

22 SEPTIEMBRE
Santos Mauricio, Emérita. B. José Aparicio y 232 mártires de Valencia

No debemos creer que Dios nos prueba para hacernos caer, sino que prueba a los hombres para que le demuestren su fidelidad y el amor que le tienen.

23 SEPTIEMBRE
Santos Pío de Pietrelcina, Zacarías e Isabel, Lino. BB. Cristóbal, Antonio y Juan

Si tus afectos proceden de Dios, no los rechaces; reconociendo que eres una pobre criatura, nútrete de los bienes del Padre que, por la compasión que te tiene, hace contigo también las veces de madre.

24 SEPTIEMBRE
Ntra. Sra. de la Merced. Santos Gerardo Sagredo, Antonio González

Si tuviésemos la perfección del amor de Dios nos gustaría mucho más hacer lo que está mandado –porque procede de Dios–, que cualquier otra cosa que proceda de nosotros mismos.

25 SEPTIEMBRE
Santos Cleofás, Fermín y Tata y 4 hijos

La diversidad de estados por los que pasa vuestro espíritu dentro y fuera de la oración, unas veces sintiéndose débil y otras fuerte; ahora contemplando el mundo con deleite, después mirándolo con desagrado, prueban que Dios os deja vivir humilde y suavemente para que veáis lo que sois delante de Él.

26 SEPTIEMBRE
Santos Cosme y Damián, Gedeón, Nilo, Lucía Kim

Si uno se deja vencer con frecuencia por los pequeños movimientos de cólera, muy pronto se vuelve furioso e insoportable.

27 SEPTIEMBRE
Santos Vicente de Paúl, Cayo, Adolfo y Juan

La alabanza es un veneno dulce, que no se conoce. ¡Ah! ¡Y cuántas veces este veneno ha dado muerte a la virtud y a la devoción de los más santos y piadosos!

28 SEPTIEMBRE
Santos Lorenzo Ruiz, Wenceslao, Simón de Rojas

La fe es un rayo de luz celeste que nos hace ver a Dios en todas las cosas, y todas las cosas en Dios.

29 SEPTIEMBRE
Santos Arcángeles Miguel, Gabriel y Rafael

Antes de juzgar al prójimo pongámosle en nuestro lugar, y a nosotros en el suyo; y a buen seguro que será entonces nuestro juicio recto y caritativo.

30 SEPTIEMBRE
Santos Jerónimo, Eusebia, Antonio, Honorio

La dulzura, la templanza, la honestidad y la humildad son virtudes que deben informar todas las acciones de nuestra vida. Existen virtudes más excelentes, pero la práctica de éstas es más necesaria.

OCTUBRE

1 OCTUBRE
**Santos Teresa del Niño Jesús, Verísimo, Máxima y Julia, Román.
Beato Juan de Palafox**
Nada hay pequeño en el servicio de Dios; pero pienso que este servicio es de gran importancia y muy útil para quienes lo ejercitan humildemente.

2 OCTUBRE
Santos Ángeles Custodios, Saturio
La fe ha de tener tres cualidades: ha de ser confiada, perseverante y humilde.

3 OCTUBRE
**Santos Francisco de Borja,
Dionisio Areopagita, Gerardo**
Antes morir que pecar: pero si tenemos la

desgracia de cometer un pecado, no por ello hemos de perder la esperanza, ni el ánimo, ni los buenos propósitos.

4 OCTUBRE
Santos Francisco de Asís, Áurea de París, Petronio, Quintín

El piadoso Fray Rufino, sobre la visión que tuvo de la gloria el gran padre San Francisco por su humildad, le hizo esta pregunta: «Padre mío, te suplico que me digas qué opinión tienes de ti mismo». Y el santo le respondió: «Ciertamente, me tengo por el mayor pecador del mundo y por el último de los siervos de Dios». Considera el sentir de este hombre, más que hombre serafín en carne humana. Hablaba así por humildad.

5 OCTUBRE
Santos Mª Faustina Kowalska, Apolinar, Mauro y Plácido. Beato Bartolomé Longo

La humildad nos hace más perfectos a los ojos de Dios; la dulzura, a los del prójimo. La burla es el modo más maligno de ofender al prójimo con palabras.

6 OCTUBRE
Santos Bruno, María Francisca, Román

No debemos despojarnos de nosotros mismos para quedar desnudos, sino para revestirnos de Jesús Crucificado.

7 OCTUBRE
Ntra. Sra. la Virgen del Rosario. Santos Justina, Martín Cid, Marcelo

El rosario es la mejor devoción para el pueblo cristiano.

8 OCTUBRE
Santos Hugo, Pelagia, Evodio, Reparada

Antes perderlo todo que perder la confianza, el ánimo, la resolución de amar a Dios para siempre.

9 OCTUBRE
Santos Dionisio, Juan Leopardi, Luis Bertrán, Abrahán

La humildad que inclina al desaliento, a

la desconfianza, a la turbación, es opuesta a la caridad.

10 OCTUBRE
Santos Tomás de Villanueva, Daniel Comboni, Casio y Florencio

La caridad es el camino de la verdadera vida, la verdad del camino de la vida y la vida del camino de la verdad.

11 OCTUBRE
Santos María Soledad Torres, Felipe Diácono. Beato Juan XXIII

El Señor no tuvo una sola palabra de reproche para los que le condenaron: le juzgaron y condenaron injustamente; pero se mantuvo sosegado y murió pacíficamente y, en vez de vengarse, oró por sus verdugos. En cambio, nosotros juzgamos a nuestros jueces y nos armamos de querellas y reproches.

12 OCTUBRE
Ntra. Sra. del Pilar. Santos Félix IV, Serafín, Maximiliano

La montaña del Calvario es la montaña

de los amantes; el amor que no dimana de la pasión de Jesucristo, es un amor frívolo y peligroso. La mejor oración es mirar con frecuencia al crucifijo y ofrecerle nuestras penas y sufrimientos unidos a los de Él.

13 OCTUBRE
Santos Teófilo, Fausto, Jenaro y Marcial, Venancio

La confianza es una de las principales virtudes que vuelven gratas a Dios nuestras súplicas.

14 OCTUBRE
Santos Calixto I.
Beata María Poussepin

No digáis jamás que una persona es más santa que otra: las apariencias son engañosas; y tal vez quien parece menos santo a los ojos del mundo es el más santo a los ojos de Dios.

15 OCTUBRE
Santos Teresa de Jesús, Severo, Tecla

La bienaventurada Teresa de Jesús ha escrito con tal propiedad de los movimientos del amor en todos sus libros, que causa asombro ver elocuencia semejante junto a tan honda humildad, tanta firmeza de espíritu entre tanta sencillez. Su sapientísima ignorancia hace que nos parezca ignorancia la sabiduría de numerosos letrados que, después de largos estudios, se sienten avergonzados de no entender lo que ella tan felizmente escribió en torno al amor divino.

16 OCTUBRE
Santos Eduvigis, Margarita Mª Alacoque, Longinos, Gerardo Mayela

Un buen medio para adquirir la verdadera caridad es acostumbrarse a tener un corazón humilde, tratable y fácil en condescender, en las cosas permitidas, con la voluntad de los otros.

17 OCTUBRE
Santos Ignacio de Antioquía, Oseas, Rufo y Zósimo

La caridad nunca penetra en un corazón

sin llevar consigo el cortejo de las demás virtudes.

18 OCTUBRE
Santos Lucas Evangelista, Amable, Asclepiades

Aprendamos de una vez a amarnos en este mundo, de la misma manera que nos amaremos en el cielo.

19 OCTUBRE
Santos Juan de Brébeuf e Isaac, Pablo de la Cruz, Pedro de Alcántara, Joel

No es la multitud de cosas que hacemos lo que nos hace adelantar en la perfección, sino el fervor y la pureza de intención con que las hacemos.

20 OCTUBRE
Santos Cornelio Centurión, Vital, Adelina, Andrés Calibia

La oración es una pura atención de nuestro espíritu en Dios. Cuanto más sencilla sea y más desprovista se encuentre de sentimiento, tanto más pura será nuestra oración.

21 OCTUBRE
Santos Hilarión de Gaza, Viator, Celina, Severino

A la santa oración se debe ir con gran dulzura de espíritu y sin otro propósito que el de recibir lo que el Señor quiera darnos.

22 OCTUBRE
Santas Nunilo y Alodía. Beato Timoteo Giaccardo

No es la mejor la vida larga, sino la que mejor se emplea en el servicio de Dios.

23 OCTUBRE
Santos Juan de Capistrano, Marcos, Valerio

El trono de la misericordia de Dios es nuestra miseria; cuanto mayor es nuestra miseria, tanto mayor debe ser nuestra confianza, que es la vida del alma; quitad al alma la confianza y le daréis la muerte.

24 OCTUBRE
Santos Antonio Mª Claret, Proclo

Si vuestra alma está siempre agitada por

el viento de las pasiones y oscila continuamente, que la gracia divina y vuestra resolución se encuentren siempre despiertas.

25 OCTUBRE
Santos Crisanto y Daría, Frutos, Valentín y Engracia, Bernardo Calbó

Sí, Señor, sí, Padre mío; sí, siempre sí.

26 OCTUBRE
Santos Albino, Fulco, Luciano y Marciano, Amando

La oración unida al santo sacrificio de la misa tiene una fuerza maravillosa: por este medio abunda el alma en consuelos celestiales.

27 OCTUBRE
Santos Evaristo, Gaudioso, Vicente, Sabina y Cristeta

Siempre que os halléis en algún aprieto dad una mirada a la eternidad, y después no os turbe nada.

28 OCTUBRE
Santos Simón y Judas Tadeo Apóstoles, Fidel, Francisco Serrano, Rodrigo Aguilar

Aprovechad las ocasiones que se ofrecen de hacer el bien; sucede con frecuencia que, dejando de hacerlo so pretexto de hacerlo mayor, no se hace ni uno ni otro.

29 OCTUBRE
Santos Narciso, Feliciano, Honorato, Joaquín Royo

El verdadero descanso del alma en la oración es mirar a Dios, querer a Dios, saborear o gustar a Dios.

30 OCTUBRE
Santos Marcelo, Claudio, Lupercio y Victorico, Germán, Gerardo

La paciencia es tanto más perfecta cuanto menos mezclada se vea de ansias e inquietudes.

31 OCTUBRE
Santos Alonso Rodríguez, Jerónimo Hermosilla, Quintín.
Beata María de la Purísima

En cuanto sintáis la tentación, haced como los niños que corren a echarse en brazos de sus padres: recurrid a Dios, pedidle la ayuda de su misericordia.

NOVIEMBRE

1 NOVIEMBRE
TODOS LOS SANTOS

En la felicidad eterna nos conoceremos unos a otros por nuestro nombre. ¡Qué contento recibiremos al ver a los que tanto hemos querido en esta vida!

2 NOVIEMBRE
TODOS LOS FIELES DIFUNTOS

Dios nos atrae hacia el cielo llevándose poco a poco a los que más amamos sobre la tierra.

3 NOVIEMBRE
Santos Martín de Porres, Pedro Almató, Germán, Silvia. B. Manuel Lozano (Lolo)

A la hora de la muerte, ¡qué remordimiento sentiremos por haber inutilizado con nuestra negligencia tantas instrucciones y avisos saludables que Dios nos ha dado para que adelantáramos en la perfección!

4 NOVIEMBRE
Santos Carlos Borromeo, Vital y Agrícola, Félix de Valois

La perfección que yo deseo en vosotros sobre todas las demás es la de la humildad, que es no solamente caritativa sino también dulce y tratable.

5 NOVIEMBRE
Santos Ángela de la Cruz, Bertila, Domingo Mâu. Beata María Rafols

La perseverancia es una virtud que nos hace siempre igualmente sumisos a la voluntad de Dios; las aflicciones muy duraderas suelen dejar cierto tedio, que es un enemigo muy peligroso: para resistirle es necesario armarse de mucho ánimo.

6 NOVIEMBRE
Santos Severo, Leonardo, Melanio. BB. Mártires del siglo XX en España

Ascendamos siempre, sin cansarnos, hacia el Salvador, alejémonos poco a poco de los afectos terrenos y bajos.

7 NOVIEMBRE
Santos Lázaro, Jerón, Florencio, Jacinto Castañeda. Beato Francisco Palau

En esta vida la paciencia ha de ser el pan de cada día; pero la necesitamos en particular para nosotros, porque nadie se nos hace tan pesado como nosotros mismos.

8 NOVIEMBRE
Santos Godofredo, Adeodato. Beatos Juan Duns Escoto, Isabel de la Trinidad

No es posible corregir en un día las imperfecciones y los malos hábitos; es menester que tengáis paciencia; si en poco tiempo llegaseis a dominar vuestras inclinaciones naturales, os volveríais muy soberbios.

9 NOVIEMBRE
Dedicación de la Basílica de Letrán.
Santos Jorge, Ursino

No hagáis nada según vuestro capricho, sino hacedlo todo para agradar a Dios.

10 NOVIEMBRE
Santos León Magno, Orestes, Andrés Avelino

Dios permite que los que se le entregan sufran muchas tribulaciones, pero jamás los deja caer bajo el peso de su carga, si confían en Él.

11 NOVIEMBRE
Santos Martín de Tours,
Teodoro Estudita, Marina de Omura

A la medida que uno se rebaja por humildad crece en la virtud, y no más.

12 NOVIEMBRE
Santos Josafat, Millán de la Cogolla, Nilo, Margarito Flores

No hay ningún estado [de vida] al que Dios no haya dado los medios necesarios para santificarse.

13 NOVIEMBRE
Santos Leandro, Estanislao de Kostka, Diego de Alcalá

No hay que humillarse para ser exaltado, sino humillarse porque Dios se humilló.

14 NOVIEMBRE
Santos Rufo, Lorenzo O'Toole, Serapio

No he visto a nadie que se arrepienta de hablar bien del prójimo.

15 NOVIEMBRE
Santos Alberto Magno, Marino y Aniano, Leopoldo, José Pignatelli

Dios quiere que tu miseria sea el trono de su misericordia y tu impotencia la sede de todo su poder.

16 NOVIEMBRE
Santos Margarita de Escocia, Gertrudis, Roque y Alfonso

La práctica de la dulzura debe comenzar por sí mismo, porque, ¿con quién será dulce el que consigo mismo es cruel?

17 NOVIEMBRE
Santos Isabel de Hungría, Acisclo, Aniano, Hugo, Filipina Duchesne

No hay que llevar la cruz de los demás, sino la propia; para ello Dios quiere que renuncie uno a sí mismo, es decir, a su propia voluntad.

18 NOVIEMBRE
Dedicación de las Basílicas de S. Pedro y S. Pablo. San Román

La santa Iglesia nos enseña a decir todos los días una oración en la que pide a Dios que nos acompañe a lo largo de nuestro peregrinar.

19 NOVIEMBRE
Santos Abdías, Matilde, Rafael Kalinowski, Inés de Asís

Aspiráis cada vez más a la perfecta comunión con Dios, y ese deseo os estimulará a ser cada vez más exacta con la observancia de las virtudes requeridas para contentarlo, entre las cuales la paz, la dulzura, la humildad y el dominio de sí mismo, tienen los primeros lugares.

20 NOVIEMBRE
Santos Crispín, Edmundo, Francisco J. Cân

Dios se complace muy particularmente en los corazones sencillos, desprendidos, humildes y caritativos.

21 NOVIEMBRE
Presentación de la Virgen María. Santos Gelasio I, Mauro, Rufo

La Santísima Madre de Dios es como la madreperla, que pasó por este mundo sin que entrara en ella ni una sola gota de agua salada (pecado).

22 NOVIEMBRE
Santos Cecilia, Filemón, Benigno

Sólo el amor es el que da valor a nuestras acciones.

23 NOVIEMBRE
Santos Clemente I, Columbano, Lucrecia. Beato Miguel A. Pro

Sin duda alguna vale más estar en la cruz con nuestro Señor y en la enfermedad, que meditando en la oración.

24 NOVIEMBRE
Santos Andrés Dung-Lac, Crisógono, Flora y María, Mateo Alonso

Son de gran precio los buenos sentimientos encontrados en la oración, y debemos estimarlos en mucho; pero debemos guardarnos de complacernos tanto en ellos, que tomemos de aquí ocasión de ser negligentes en la práctica de las virtudes y de lisonjearnos de ellas.

25 NOVIEMBRE
Santos Catalina, Moisés, Pedro y Águeda Yi

Dios se sirve a menudo de los más débiles para realizar cosas grandes.

26 NOVIEMBRE
Santos Juan Berchmans, Delfina, Conrado. Beato Santiago Alberione

No hemos de querer otra cosa que lo que Dios quiere. Nuestra alma es una barquilla suya: Él se ha encargado de conducirla, Él la llevará felizmente al puerto.

27 NOVIEMBRE
Ntra. Sra. de la Medalla Milagrosa. Santos Facundo y Primitivo

No me preocupa si alguien se duerme en la oración, con tal de que haga algún esfuerzo por despertarse. Hay que sufrir esto con humildad y permanecer delante de Dios como una estatua, dispuesto a recibir de Él lo que quiera enviarnos; a veces el Señor se complace en vernos combatir durante todo el tiempo de la oración, sin poder librarnos del sueño; es entonces cuando hay que sufrir humildemente nuestra debilidad.

28 NOVIEMBRE
Santos Catalina Labouré, Esteban, Andrés Trân

No me cabe la menor duda de que Dios te conduce de la mano; si te deja tropezar alguna vez, lo hace para que comprendas que si fueras solo, caerías más frecuentemente y necesitarías agarrarte a Él con mayor fuerza.

29 NOVIEMBRE
Santos Saturnino, Iluminada, Francisco A. Fasani.
Beato Bernardo F. de Hoyos

Aunque el universo se trastornara de arriba abajo, no deberíamos turbarnos, porque el universo no vale tanto como la paz del alma.

30 NOVIEMBRE
Santos Andrés Apóstol, Cutberto, Tadeo Liu

Dios toma a su cuidado todo aquello que abandonamos en sus manos.

DICIEMBRE

1 DICIEMBRE
Santos Nahún, Florencia, Eligio, Edmundo. Beato Carlos de Foucauld

Dondequiera que estéis, recoged siempre cosas buenas; haced como las abejas, que cuando vuelven a la colmena, no llevan sino miel.

2 DICIEMBRE
Santos Habacuc, Bibiana, Silverio

No miréis de frente a la tentación, no vaya a ser que perdáis el valor, sino mirad el rostro del Salvador.

3 DICIEMBRE
Santos Francisco Javier, Sofonías, Lucio, Casiano

No os anticipéis a temer los males futuros, que tal vez no lleguen nunca y, en caso de que vinieren, Dios os confortaría. Si os manda caminar sobre olas adversas, Él va caminando con vosotros; tened buen ánimo y seréis salvos, como San Pedro, flotando sobre las aguas.

4 DICIEMBRE
Santos Juan Damasceno, Bárbara, Juan Taumaturgo, Bernardo

No os apresuréis tanto en lo que hacéis. Obrad sin prisa y con tranquilidad, haced unas cosas tras las otras, y veréis cómo adelantáis mucho.

5 DICIEMBRE
Santos Sabas, Juan Almond, Crispina

Aunque estemos en la oración como una piedra, no importa, nuestra sola presencia es agradable a Dios, pues es una muestra de nuestro amor filial a Él.

6 DICIEMBRE
Santos Nicolás, Pedro Pascual

La señal segura de amar verdaderamente

a Dios es hacerlo todo por su gloria y amor.

7 DICIEMBRE
Santos Ambrosio, Sabino, Urbano, Fara

La unión con Dios obrará la unión entre nosotros; la comunión hará más perfecta nuestra unión porque, uniéndose a nuestro Señor, quedamos íntimamente unidos; por ello, la recepción de esta forma celestial y adorable -sacramento de la comunión- se llama comunión, es decir, unión común

8 DICIEMBRE
INMACULADA CONCEPCIÓN DE MARÍA. Santa Narcisa de Jesús

Dios reservó para su Santísima Madre una gracia digna del amor de un Hijo que, siendo sabiduría, bondad y poder infinitos, debía prepararse una madre a su gusto. Quiso, pues, que su redención se le aplicase como remedio que la preservaba del pecado, que se transmitía de generación en generación: este pecado no llegó hasta Ella, preservada así de manera tan excelente que, cuando el torrente de la malicia original intentó llevar sus aguas cenagosas sobre la concepción de esta Mujer privilegiada, no pasó adelante y se detuvo. Aquel río suspendió su curso por respeto al Arca de la Alianza, y el pecado original retiró sus aguas por temor reverencial a la presencia del verdadero Tabernáculo de la eterna Alianza.

9 DICIEMBRE
Santos Juan Diego, Leocadia, Siro, Pedro Fourier

No os inquieten tanto los malos pensamientos: mucho va del sentir al consentir.

10 DICIEMBRE
Ntra. Sra. de Loreto. Santos Eulalia de Mérida, Mauro, Gregorio III

Son infinitamente agradables a Dios los

que por amor a Él se complacen en ser despreciados y tenidos por nada.

11 DICIEMBRE
Santos Dámaso, Maravillas de Jesús, Daniel, Sabino

Sucede a menudo que, hablando de Dios, queremos ser tenidos por hábiles, y estamos muy satisfechos de nuestros bellos pensamientos; de aquí dimana que, en vez de llegar al perfecto conocimiento de la verdad, sólo nos llenemos de vanidad.

12 DICIEMBRE
Ntra. Sra. de Guadalupe (América). Santos Israel, Simón Phan

Sólo la Santísima Virgen tuvo toda clase de bienes sin mezcla de mal alguno, pues es la única exenta de toda tara y mancha de pecado o imperfección. Sólo Ella es toda pura, toda hermosa.

13 DICIEMBRE
Santos Lucía, Otilia, Autberto

No os quejéis nunca de vuestras aflicciones, ni por su número, ni por su peso, ni por su duración; porque Dios todo lo dispone con número, peso y medida. Sufrir por Dios es tener entre las manos el oro más puro y más precioso para comprar el cielo.

14 DICIEMBRE
Santos Juan de la Cruz, Venancio Fortunato, Herón, Pompeyo

No pediría nada, mientras no me hallare enfermo; pero los enfermos deben pedir con toda libertad lo que necesiten.

15 DICIEMBRE
Santos Valeriano, Maximino, María Crucificada de Rosa

La verdad dicha sin caridad no es verdadera caridad.

16 DICIEMBRE
Santos Ageo, José Mañanet, Everardo, Adelaida

No os perturbéis por el mañana, porque el Padre Eterno que cuida hoy de nosotros, cuidará de nosotros mañana y siempre; o no os enviará males, u os comunicará un valor invencible para sobrellevarlos.

17 DICIEMBRE
Santos Juan de Mata, Modesto

Templad poco a poco la actividad de vuestro espíritu, hasta acostumbraros a obrar con cierto placer y tranquilidad.

18 DICIEMBRE
Nuestra Señora de la O, Esperanza, Macarena. Santos Malaquías, Pedro Nguyen

Tendremos grandes remordimientos a la hora de la muerte, al pensar en los muchos medios e instrucciones que se nos han dado para santificarnos y en el modo con que lo hemos despreciado ¡Oh! Ésta será entonces la mayor de las penas, el mayor de los dolores.

19 DICIEMBRE
Santos Anastasio I, Urbano, Gregorio

Tened abierto el corazón a todas las cruces y abnegaciones por amor de Aquel que tantas sufrió por vuestro amor.

20 DICIEMBRE
Santos Domingo de Silos, Ceferino, Ursicino

Basta recibir los males cuando vienen, sin que hayamos de prevenirlos con un desmesurado temor, afligiéndonos de antemano.

21 DICIEMBRE
Santos Pedro Canisio, Miqueas, Temístocles

Tened la paciencia de ir pasito a pasito, hasta que tengáis piernas para correr o, mejor aún, alas para volar.

22 DICIEMBRE
Santos Queremón, Isquirión, Francisca Javiera Cabrini

Tened vuestro corazón unido a Dios; poned vuestra confianza a menudo en la Providencia divina y estad seguros de que el cielo y la tierra pasarán antes de que el Señor deje de protegeros.

23 DICIEMBRE
Santos Juan de Kety, Ivón, Juan Stone, María Margarita

Tenemos que ir recortando en nuestra vida todas las superfluidades sin miedo.

24 DICIEMBRE
Santos Antepasados de Jesús, Delfín, Tarsila

No basta tener a Dios en la boca con bellas palabras, y en el corazón con buenos afectos. Es necesario tenerle como Simeón en los brazos, por medio de las buenas obras.

25 DICIEMBRE
NATIVIDAD DEL SEÑOR

Jesús en el pesebre es una buena lección para aprender que todas las grandezas de este mundo son ilusión y mentira.

26 DICIEMBRE
Santos Esteban, Dionisio, Zenón, Zósimo

Toda la belleza del alma estriba en el amor que tiene a su prójimo.

27 DICIEMBRE
Santos Juan Evangelista, Fabiola, Teodoro

Todo el tiempo que se emplea mal o con descuido en la oración, es tiempo robado a Dios.

28 DICIEMBRE
Santos Inocentes, Antonio, Gaspar de Búfalo

Todo hombre, por santo que sea, tiene sus imperfecciones; y por malo que sea, tiene sus cosas buenas.

29 DICIEMBRE
Santos Tomás Becket, David Rey, Martiniano, Marcelo

Todos los momentos son de gran valor para nosotros y por eso debemos estimarlos mucho.

30 DICIEMBRE
Sagrada Familia. Santos Félix, Hermes, Rainiero, Rogelio

El modo de establecer sólidamente las familias no es amontonar cuantiosos bienes, sino enriquecerlas en virtudes y santo temor de Dios.

31 DICIEMBRE
Santos Silvestre, Columba, Melania, Juan F. Regis

Todo lo que no es Dios es para nosotros nada.

BIBLIOGRAFÍA

1. Textos y estudios

San Francisco de Sales, *San Francisco de Sales: Obras selectas I-II* (Biblioteca de Autores Cristianos, Madrid 1954).

San Francisco de Sales, *Meditaciones sobre la Iglesia* (Biblioteca de Autores Cristianos, Madrid 1985).

San Francisco de Sales, *Cartas a religiosas* (Biblioteca de Autores Cristianos, Madrid 1988).

San Francisco de Sales, *Tratado del amor de Dios* (EDIBESA, Madrid 1999).

San Francisco de Sales, *Máximas de San Francisco de Sales* (Balmes, Barcelona ⁴2005).

Max Huot de Longchamp, *Las páginas más bellas de San Francisco de Sales* (Editorial Monte Carmelo, Burgos 2005).

San Francisco de Sales, *Introducción a la vida devota* (Ediciones Palabra, Madrid ⁴2010).

F. Vidal, *En las fuentes de la alegría con San*

Francisco de Sales (EDIBESA, Madrid 2001).

Eugenio Alburquerque, *Una espiritualidad del amor. San Francisco de Sales* (CCS, Madrid ⁴2010).

2. Biografías

Bernard Sesé, *Vida de san Francisco de Sales* (San Pablo, Madrid 1995).

Primer Monasterio de la Visitación de Madrid, *San Francisco de Sales, testigo del amor* (EDIBESA, Madrid 1996).

André Ravier, *San Francisco de Sales* (Monasterio de la Visitación de Santa María, Salamanca 2001).

Catherine Fino - William Villafuerte, *San Francisco de Sales* (Editorial Monte Carmelo, Burgos 2001).

Valentín Viguera Franco, *San Francisco de Sales: amable y paciente director de almas* (Ediciones Palabra, Madrid ³2008).

Eugenio Alburquerque, *San Francisco de Sales: maestro y guía espiritual* (CCS, Madrid ³2009).

3. Audiolibro (CD + libro)

San Francisco de Sales. Testigo del amor. Vida y mensaje: CD y librito. EDIBESA, Madrid, 1997.

COLECCIÓN
"UN PENSAMIENTO PARA CADA DÍA"

1. DAVID: LOS SALMOS
2. SALOMÓN Y LOS SABIOS
3. SAN PABLO
4. SAN AGUSTÍN
5. PADRES DE LA IGLESIA
6. SANTO TOMÁS
7. SANTA CATALINA DE SIENA
8. SAN IGNACIO
9. SANTA TERESA
10. SAN JUAN DE LA CRUZ
11. SAN JUAN DE ÁVILA
12. FRAY LUIS DE GRANADA
13. SAN FRANCISCO DE SALES
14. EL CURA DE ARS
15. SANTA TERESITA
16. SAN JUAN BOSCO
17. SAN CLAUDIO LA COLOMBIÈRE
18. SANTA FAUSTINA KOWALSKA
19. SANTA GENOVEVA TORRES
20. SANTA ÁNGELA DE LA CRUZ
21. SANTA MARAVILLAS DE JESÚS
22. PADRE PÍO
23. MADRE TERESA
24. JUAN PABLO II